KB060733

청소년을 위한

이야기 동양사상

청소년을 위한

이야기 동양사상

◎ 김경일 지음 · 황기홍 그림

바다출판사

머리말

나는 왜 이 책을 쓰게 되었나?

같은 생각의 길을 걷는 한국인, 중국인, 일본인

나는 아내 김정숙, 그리고 아들 신영이와 함께 여행하는 것을 좋아합니다. 다들 여행을 아주 좋아해서 몇 달 전부터 설렘과 수다로 준비한 뒤 우리나라 이곳저곳을 며칠씩 다니기도 합니다. 또 배낭 속에 책을 몇 권 쑤셔 넣고 미국, 일본, 중국, 타이완 등지로 가족 여행을 다니기도 합니다. 일본 교토에서는 왕궁을 조금 깊이 들여다보려고 다가서다 적외선 금지벽을 건드려 경찰차가 출동하는 소동을 벌이기도 했습니다. 아, 물론 명색이 교수인 나는 그렇게 하지 않았습니다. 호기심이 많은 신영이가 친 사고였지요.

사람들의 말, 표정, 길거리 음식 등을 통해 우리는 많은 것을 배우고 깨닫게 됩니다. 평소에 가족끼리 하지 못했던 이야기들도 나누면서요. 배낭여행의 묘미는 바로 여기에 있습니다. 그런데 그 발걸음 속에서 우리는 묘한 것을 느끼게 되었습니다. 그것은 한국인, 중국인, 일본인들은 공통적으로 비슷한 생각을 하며 살아가고 있다는 점이었습니다. 이 점은 미국이나 유럽 사람들과 이야기를 나눌 때 쉽게 느낄 수 있었습니다.

그러면 한국인, 중국인, 일본인들 모두가 서로 만난 일도 없는데 어떻게 비슷한 생각을 할 수 있게 된 것일까요? 이 질문을 가지고 우리 가족은 많은 대화를 나누었습니다. 또 아들의 질문에 대해 답을 해 가면서 나는 그 이유를 뚜렷하게 깨닫게 되었습니다. 그것은 우리가 모두 같은 스승 밑에서 배웠기 때문이었습니다.

같은 스승? 독자 여러분들은 의아하실 겁니다. 예, 그래요. 한국인, 중국인, 일본인은 같은 스승 밑에서 배웠습니다. 하지만 그 스승은 사람이 아닙니다. 사상이라는 독특한 분위기, 다시 말해 생각의 길이 바로 스승입니다. 즉, 우리들은 모두 같은 생각의 길을 걸어왔고 걷고 있다는 뜻입니다.

한국, 중국, 일본 등 동아시아 사람들은 부모, 친구, 선생님, 남자, 여자, 자연, 생명, 일 등에 대해 같은 생각을 해왔습니다. 이러한 점은 서양 사람들이 부모, 친구, 선생님, 남자, 여자, 자연, 생명, 일 등에 대해 느끼는 감정과 비교해 볼 때 선명하게 대비가 됩니다.

예를 들어 볼까요? 한국, 중국, 일본 사람들은 공통적으로 부모나 선생님들에 대해 수직적인 존경을 떠올리게 됩니다. 하지만 서양 사람들의 경우는 친구처럼 수평적인 관계를 떠올리지요. 또 여성과 남성에 대한 태도에서도 한국, 중국, 일본 사람들은 남성이 여성보다 우월하다는 생각 속에서 생활합니다. 반면에 서양 사람들은 상대적으로 평등의 가치를 어려서부터 생활 속에서 익힙니다.

이번에는 자연에 대한 태도를 한번 살펴볼까요? 한국, 중국, 일본 사람들은 공통적으로 산삼, 도라지, 더덕, 도토리 등의 약초나 야생 식물을 먹을거리로 삼고 있습니다. 아주 즐기지요. 이러한 태도는 동양 사람들이 먹는 행위를 통해 자연과의 일체감을 이루려는 독특한 문화적 생각 때문에 만들어졌습니다. 반면에 서양 사람들은 일반적으로 이러한 야생 식물들을 먹을거리로 여기지 않습니다. 이것들은 모두 다람쥐나 토끼 등 야생 동물들의 먹을거리라고 여기기 때문이지요. 자연을 사랑하기는 해도 먹는 행위를 통해 자연과의 일체감을 이룬다는 생각은 존재하지 않습니다. 사람과 자연 사이에 분명한 선이 느껴지지요.

한국, 중국, 일본 사람들이 사람과 자연에 대해 이렇듯 독특하게 반응하는 이유는 무엇일까요? 그 이유는 사람이란 무엇일까에 대한 질문과 답변이 독특하기 때문입니다. 또 자연이란 무엇일까에 대한 호기심을 푸는 방법이 남다르기 때문입니다. 이렇듯 사람의 가치, 사람과 사람과의 관계, 자연의 가치, 사람과 자연과의 관계에 대한 질문과 해석을 뭉뚱그려 포괄하고 있는 단어가 사상입니다.

따라서 동양사상이란 동양 사람들, 즉 한국인, 중국인, 일본인들이 사람과 자연에 대해 던졌던 질문과 그 질문에 대해 나름대로 쏟아 놓았던 대답들의 보따리이기도 합니다.

동양 사람의 생각은 어떻게 생겨났을까?

그러면 동양 사람들이 만들어 낸 질문과 대답은 도대체 어떤 것이었을까요? 그런 질문을 맨 처음 한 사람은 누구였을까요? 그리고 언제였을까요? 그 질문은 사람들 사이에서 어떤 대답을 만들면서 발전해 왔을까요? 바로 이러한 궁금증을 풀어 주기 위해 나는 지금 이 책을 쓰고 있습니다.

궁금증을 풀어 가기 전에 먼저 방금 언급했던 사상이란 단어를 조금 풀어 놓고 가겠습니다. 좋은 설명은 단어 해석이 명확해야만 가능하기 때문입니다. 앞서도 이야기했지만 사상이란 사람들의 다양한 질문과 대답, 그리고 생각들을 통합적으로 정리해 놓은 것을 말합니다.

질문과 대답, 생각들은 눈에 보이지 않습니다. 하지만 천천히 상상의 날개를 펴고 생각의 길을 따라 걷다 보면 이해하게 되는 것들이지요. 사상을 한자로는 생각 사思, 상상 상想으로 표현하는 이유가 바로 여기에 있습니다.

조금 정리해 볼까요? 동양사상을 이해하기 위해서는 동양 사람들의 생각을 먼저 살펴보아야 합니다. 하지만 여기서 한 가지 짚고 넘어갈 부분이 있습니다. 그것은 동양사상이 탄생하는 과정에서는 한국인, 중국인, 일본인 모두가 함께 참여한 것이 아니라는 점입니다.

동양사상의 탄생은 동아시아 세 나라 중에서 중국인들에 의해 이루어졌습니다. 이후에 한국과 일본은 중국인들이 만들어 놓은 독특한 생각을 받아들여 사용하게 되었습니다. 물론 받아들이는 과정에서 한국과 일본이 나름의 독특한 개성을 양념처럼 첨가하기도 했습니다. 하지만 동양사상이 맨 처음 탄생하는 순간의 당사자, 다시 말해 첫 번째 질문자들은 중국인들이었습니다. 사실 그들은 어떤 면에서 모두 천재들이었습니다. 때문에 동양사상의 맨 처음 탄생 순간을 제대로 살피기 위해서는 바로 이 천재들에 대한 이야기로부터 시작하는 것이 옳습니다.

나는 이제 이 책에서 이 천재들의 생각과 말과 행동을 당시의 문화적 상황들을 근거로 재구성해 들려 드리려 합니다. 그 이야기들 속에서 독자들은 각 사상이 태어날 때의 정황을 짐작할 수 있을 것입니다. 책을 읽어 가면서 그 시절에 어떤 일들이, 왜, 그리고, 어떻게 진행되었는지를 깨닫게 될 것입니다. 말하자면 동양사상의 커다란 물줄기를 이해하게 된다는 뜻이지요.

나는 이 책에서 누구나 재미있게 읽을 수 있도록 아주 쉬운 문체로 이야기를 진행하려 합니다. 또 이해가 어려운 부분에서는 내가 신영이를 즐겁게 해 주기 위해 써먹었던 '뺑'도 조금씩 쓰게 될 것입니다. 희한하게 사내 녀석들도 '뺑'에는 약하더라고요. 기억도 오래가고 말입니다.

맑은 하늘이 가득 열린 창문 곁에서

김경일

차례

★☆하나.

숲처럼 물처럼 살고 싶었던

노자

스스로를 바람결에 지워 버린 사내

중국을 여행하면서 도시가 아닌 시외로 나가 보면 땅이 무척 넓다는 느낌을 받습니다. 때로 끝없는 지평선도 보이지요. 하늘과 땅이 맞닿아 있어 하늘이 마치 둥근 통처럼 보일 때도 있습니다. 넓으니까 그런 착시 현상이 나타나나 봅니다.

그런가 하면 깊고 고요한 숲을 만나기도 하지요. 사람들이 별로 없는 곳일수록 그 고요는 묘한 소리처럼 변하기도 합니다. 고요함이 때로는 커다란 소리처럼 들리기도 한답니다. 뭐 '과앙' 하는 소리라고나 할까요?

한번 상상해 보세요. 지금부터 수천 년 전의 하늘과 땅을 말입니다. 아마 하늘은 더욱 푸르렀을 것이고 땅은 더 비옥했을 겁니다. 사람은 지금보다 더 적었을 테니, 아니 거의 없다시피 했을 테니 그 고요함은 더욱 깊었겠지요. 그 고요함 속에 한 사내가 살고 있었습니다.

그 사내는 양쯔 강 근처의 어느 숲 속에서 늘 나무들, 시냇물, 하늘, 바람과 함께 살고 있었습니다. 자기 자신과 또는 바람결에 흔들리는 숲과 이야기를 나누는 일상이었습니다. 어떻게 보면 그는 그가 몸담고 있는 숲 속의 나무 한 그루와도 같았습니다. 그는 자기

자신에 대한 이야기는 어디에도 남겨 두지 않았습니다. 그래서 사람들은 그가 누구인지조차 알 수가 없습니다.

하지만 그는 많은 말들을 남겼습니다. 무척 짧은 말들이었습니다. 사람들의 마음속 깊은 곳에 오래도록 남아 울리는 그런 말들이었지요. 그가 남긴 말들이 담긴 책 이름은 《노자》입니다. 물론 이 책은 그가 직접 쓴 책이 아닙니다. 많은 사람들이 그렇게 믿고 있지만 말입니다. 이 책은 입에서 입으로 전해지던 그 사내의 말들을 누군가가 담아 놓은 것입니다.

이 사내의 이름에 대해서는 전설이 많습니다. 노담, 이담, 이이, 노자 등으로 말입니다. 이름이 많다는 것은 결국 실체를 파악할 수 없다는 뜻이지요. 그런가 하면 이 사내는 언제 태어나서 언제 죽었는지에 대한 기록도 없습니다. 학자들은 여러 가지로 추측할 뿐입니다. 기원전 551년에 태어난 공자와 비슷한 시기에 있었다는 설, 그보다 먼저라는 설, 그보다 훨씬 뒤에 살았다는 설 등으로 말입니다. 마찬가지로 이 사내의 실체를 파악할 수 없다는 뜻이 되지요. 결국 이 사내는 자신의 모습을 바람결에 감추고 말았습니다. 자연처럼 살고 싶었던 그의 꿈처럼 되어 버린 것이지요.

하지만 분명한 것 두 가지가 있습니다. 아주 먼 옛날 중국 땅 어느 숲 속에 한 사내가 살고 있었다는 것, 그리고 무척 깊은 생각의 소유자였다는 것입니다. 이제부터 그 사내를 찾아가 보기로 하지요. 이

사내의 생각을 담아 놓은 책의 이름이 《노자》인지라 사람들은 그의 이름도 노자로 부르기도 합니다. 또 《노자》라는 책의 내용을 자세히 보면 단순하고 일방적인 기록이 아님을 알 수 있습니다. 무언가 질문을 전제로 자신의 대답을 짧은 노랫가락에 얹어 물결처럼 펼쳐놓은 것이 특징이지요. 그래서 《노자》는 책에서는 숨겨져 있지만 노자의 머릿속에 있는 질문자를 떠올리며 읽을 필요가 있습니다. 그리고 천천히…… 이렇게 하면 여러분은 노자와 이야기를 주고받을 수 있을 거예요. 그럼 한번 대화 속으로 들어가 볼까요?

스스로 그러한 자연

"너희들은 어떻게 이렇게 평화로우니?"

노자가 주변을 돌아보며 물었습니다. 숲은 그저 바람에 일렁일 뿐 말이 없습니다.

"누가 너희들을 만들었니?"

시냇물은 대답 대신 조용히 몸을 비켜 흐르기만 합니다.

"너희들은 언제부터 여기 있었니?"

하늘 위에 떠 있는 구름은 옷깃을 휘날리며 저 멀리로 사라집니다. 숲도 물도 구름도 대답하지 않았습니다. 노자는 어쩔 수 없이 스스로 답을 찾아야 했습니다. 하지만 답은 쉽지 않았습니다. 그러나 조금씩 생각을 해 보니 숲이고 시냇물이고 구름이고 그 모두는 자기들 스스로 있는 듯했습니다. 숲을 가꾸는 사람도 보이지 않고 시냇물을 관리하는 사람도 보이지 않았으며 구름을 공중에 매다는 사람도 보이지 않았습니다. 하지만 그것들은 늘 그곳에 있었습니다. 그리고 스스로를 늘 싱싱하게 지켜가는 것처럼 보였습니다.

"아하!"

노자는 마침내 무언가를 깨달은 듯했습니다.

"그렇구나. 이것들은 자기들 스스로 그렇게 있는 것들이로구나. 스스로."

노자의 마음속에 단단한 확신이 서서히 차오르기 시작했습니다. 그러자 내심 흐뭇해졌습니다. 노자는 자신의 생각을 넉넉히 표현할 수 있는 한자를 머릿속에서 찬찬히 더듬어 찾았습니다. 마침내 다음 두 한자를 떠올리게 되었습니다.

"그래, 숲과 물과 구름, 이것들은 모두 자기들 스스로 존재하는 것들이니까 '스스로 자'를 쓰면 되겠구나. 또 늘 그러한 모습을 하고 있으니 '그럴 연'을 사용하면 되겠고. 자연, 그래 이 말이 좋겠군."

이렇게 해서 만들어진 표현이 바로 '자연'이란 단어입니다. 그 이후 자연이란 단어는 숲과 시내, 구름, 그리고 그 안에 존재하는 모든 생물들을 포함하게 되었습니다. 우리들이 지금도 쓰고 있는 자연이라는 단어에는 이렇듯 오래되고 깊은 이야기들이 담겨 있습니다.

물처럼 겸허하게

자연 속에서 살고 있는 노자는 마치 자신도 자연의 한 부분인 것처럼 생각하고 있었습니다. 스스로가 바람이 된 듯도 했고, 나무가 된 듯도 했고, 구름이 된 듯도 했고, 물이 된 듯도 했습니다.

自 스스로 자　然 그렇게 있을 연

노자는 특히 물을 좋아했습니다. 고요한 물은 얼굴을 비추기에 좋았고 흐르는 물은 옷을 빠는 데 좋았습니다. 깊은 물은 몸을 씻을 수 있어 좋았고 얕은 물은 건너기에 좋았습니다. 노자는 물을 무척 사랑하게 되었습니다.

"물이란 참 특이한 존재로군. 늘 낮은 곳으로만 흐르고, 또 흐르다 돌을 만나도 싸우지 않고 돌아서 흘러가 버리고 말이야."

노자는 물이 흐르는 모습을 보면서 낮아짐을 생각하게 되었습니다. 또 물이 돌과 다투지 않는 모습을 보면서 잘 참고 다른 방법을 찾는 지혜에 대해 생각하게 되었습니다.

"어허 이것 보게. 나뭇잎에 담으면 나뭇잎 모양이 되고 표주박에 담으면 표주박 모양이 되어 버리네. 참으로 부드러운 성품이군."

노자는 물의 모습을 보면서 다른 사람들의 삶에 대해 생각하게 되었습니다. 자기 자신의 고집과 자존심 때문에 늘 불협화음을 만들어 가는 사람들의 모습을 물의 성품과 비교해 보니 더 어리석게 보였습니다. 노자는 또 남을 조금만 도와주어도 과장해서 자랑을 해대는 사람들의 모습을 떠올렸습니다.

"그러고 보니 물은 참 착한 녀석일세. 주변의 모든 나무, 풀 등이 잘 자라도록 영양을 공급해 주잖아? 하지만 만물을 이롭게 하면서도 자기가 한 일에 대해서 아무런 공치사도 없어. 음, 자연 속에 존재하는 것들 중에 가장 선한 것을 꼽으라면 물이 단연코 으뜸이겠군."

숲과 물과 하늘을 통해 얻은 노자의 독특한 관찰은 서서히 사람들에게 알려지게 되었습니다. 그러자 호기심 많은 사람들이 몰려들었지요.

"여보게, 노자. 당신 참 특이한 소리를 하는구려. 거 당신이 자연 속에서 얻은 지혜를 딱 한 글자로 표현하면 뭐가 될까?"

"글쎄요. 한번 만들어 보시지요."

"글쎄……, 음, 말, 댁의 말이 하도 특이하니 말씀 '언', 언어라고 할 때 그 '언'을 쓰면 되겠군."

"허나 말씀 '언'은 쓸데없는 말도 다 포함돼 있어서 저의 독특한 생각을 표현하기에는 조금 허술한 느낌이군요."

"어, 그러면 알 '지'. 지식의 그 '지' 말이에요. 왜냐하면 숲 속에서 터득한 댁의 이야기에는 아주 별난 지식들이 들어 있거든."

"조금 낫군요. 하지만 알 '지'에는 댁 같은 저잣거리 사람들의 지식도 포함될 수 있으니 잘 구별되지 않는군요."

"아이고, 어렵다."

사람들은 모두 머리를 감싸며 풀밭 위에 주저앉습니다. 겸연쩍어 먼 하늘만 바라보고 있습니다. 그러자 노자가 넌지시 마음을 풀

言 말씀 언 知 알 지

어 주려 합니다.

“하하, 저는 제가 숲 속에서 찾아낸 이야기들을 ‘도’라고 부르려 합니다.”

“‘도’? 무슨 ‘도’. 칼 ‘도’ 아니면 강도할 때 ‘도’?”

“허허허, 제가 말하는 ‘도’는 바로 길 ‘도’입니다. 도로라고 할 때의 ‘도’…….”

“‘도’? 이 양반이 누굴 놀리나? 이야기가 어떻게 길이 돼? 당신의 이야기는 보이지도 않고 잡히지도 않는데 어떻게 흙 위로 난 길이 돼?”

“예, 바로 그 점 때문에 ‘도’라고 부르려 합니다. 제가 숲에서 나무와 물로부터 들은 이야기들과 지혜는 바로 우리들 모두가 살아가

는 방식이어야 한다고 생각합니다. 즉, 자연 속에서 자연과 더불어 살아가는 방식대로 사람들이 살아간다면 다툼 없이 모두가 화목하게 살아갈 수 있을 것입니다. 그래서 저는 그러한 이야기와 지혜를 길 '도' 라고 부르고 싶은 게지요."

"흠, 그럴듯하군."

숲 속에서 자연과 벗하며 살아가는 이야기와 지혜를 노자가 '도' 라고 부른 것이 사람들의 수다를 통해 저잣거리에도 알려지게 되었습니다. 하지만 길이라는 뜻의 '도' 가 삶의 방식의 뜻으로 쓰인다는 사실을 사람들은 처음에 잘 이해하지 못했습니다. 그러자 책깨나 읽은 사람들은 저마다 '도' 란 무엇인지에 대해 한 마디씩 해대기 시작했습니다.

"그래 '도' 란 말이지 길이야. 인간이 걸어가야 할 길이지."

"인간이 걸어가야 할 길? 그게 따로 있나? 인간이나 짐승이나 태어나고 먹고 싸고, 싸우고 새끼 낳고, 그러다 늙으면 죽으니 다 똑같은 거지. 뭐 인간의 길, 짐승의 길이 따로 있나?"

"내 생각엔 아마도 그 친구가 숲 속에 살고 있으니 숲의 흐름을 따라 살라는 걸지도 몰라. 봄, 여름, 가을, 겨울을 따라서 말이야."

"야, 이 사람아! 저잣거리에 사는 우리는 봄, 여름, 가을, 겨울과 다투면서 사나? 똑같지. 봄이면 씨 뿌리고, 여름에 김 좀 매고, 가을에 거두고. 겨울에는 뭐 꼼짝할 수나 있어. 눈이 오고 추운데."

道 길 도 德 덕성 덕

"거참, 그럼 그 노자인가 뭔가 하는 친구가 말한 '도' 라는 게 도대체 뭐야?"

사람들은 저마다의 의견을 고집하며 쓸데없는 다툼을 벌이기도 했습니다. 마침내 사람들은 노자를 찾아가 묻게 되었습니다.

"도대체 댁이 말한 '도' 라는 걸 뭐라고 설명하면 좋겠소?"

"사람들마다 설명이 다 다르니 오히려 더 헷갈리는구먼."

노자는 가만히 생각에 잠겼습니다. 그리고 한참 동안 말을 하지 않고 하늘을 쳐다보았습니다. 빽빽한 나뭇가지 사이로 파란 하늘이 가득했습니다. 웬일인지 새들도 잠시 조용히 귀를 기울이는 듯했습니다. 그래서 그런지 시냇물 소리가 유달리 더 크게 들립니다.

"내가 말하는 '도' 는 여러분들이 말하는 그런 '도' 가 아니오."

"그럼 뭐요?"

"무엇이든지 이름을 지으면 이름은 이름일 뿐 본래의 물건과 같을 수는 없지 않소?"

사람들은 가만히 귀를 기울이고 있습니다. 늘 시끄럽던 멧새도 오늘은 웬일인지 얌전을 떱니다.

"예를 들어 '강아지' 라는 단어는 짖을 수가 없소. 하지만 강아지란 놈은 짖을 수가 있지."

"그럼, 내가 잡은 토깽이하고 내가 부르는 '토깽이' 라는 이름이 서로 다르다는 뜻인가베?"

"와, 하하하!"

"야 이 사람아, 토깽이가 아니고 토끼야. 토끼."

늘 숲 속에서 토끼 굴만 쫓아다니던 한 사냥꾼의 난데없는 사투리에 한바탕 웃음바다가 펼쳐집니다. 노자는 흐뭇한 표정으로 말을 이어갑니다.

"그렇소. 바로 그 이야기요. 사물을 보고 단 한 번만 생각하지 말고 한 번 더 생각하면 되지."

"거봐 내 말이 맞잖여. 내 손에 있는 토깽이하고 내가 잡지도 않은 이름만 '토깽이' 하고는 당연히 다르지."

사냥꾼의 자신 있는 말투에 사람들은 각자 알 듯 말 듯한 표정을 지으며 고개를 끄덕였습니다. 노자는 설명을 계속했습니다. 여전히 느린 말투입니다.

"자연 속에서 얻은 삶의 지혜를 '도' 라고 이름 지었소. 허나 그 '도' 라는 이름은 여러분들이 생각하는 나의 진짜 삶의 모습과는 또 구별되오. 마치 당신이 실제로 잡은 토끼가 '토끼' 라는 이름과 다르듯이 말이오."

그제야 사람들은 노자의 말을 조금씩 이해하기 시작했습니다.

"음, 그러니까, 이 묵직한 청동 돈과 '돈' 이라는 이름이 다르다는 이야기로군."

구두쇠로 사람들의 미움을 독차지하고 사는 한 고리대금업자가 허리춤에 차고 있던 넓적한 청동 돈을 철컥거리며 중얼거렸습니다.

"어이구, 저놈의 수전노. 나도 이름만 '돈' 말고 저놈 허리춤에서 철컥거리는 진짜 돈 좀 있었으면 좋겠다."

"와하하, 그러려면 먼저 욕부터 먹어야지. 수전노라고."

사람들은 다시 왁자지껄하며 숲을 떠나 저잣거리로 돌아갔습니다.

자연 속에서 자연과 함께

"이보게 노자, 뭐 하나?"

어느 늦가을, 가을걷이를 끝낸 저잣거리 사람들이 다시 노자를 찾아왔습니다. 노자와의 이야기는 분명 뭔가 특이한 구석이 있었습니다. 알듯 말듯하면서 마음에서 쉬 사라지지 않고 마침내 사람들로 하여금 무언가를 생각하도록 만드는 매력이 있다고나 할까, 뭐 그런 면이 있었지요. 노자는 대나무를 쩍쩍 쪼갠 뒤 팔꿈치에서 손목까지의 길이로 끊고 있었습니다. 그러고는 표면을 평평하고 매끄럽게 만들고 있었습니다. 날카로운 돌칼로 말입니다. 저잣거리에서는 청동칼

을 주로 사용하고 요즘에는 철로 만든 칼을 쓰는 사람도 있었습니다. 하지만 자연스러운 것을 좋아하는 노자는 여전히 돌 조각을 갈아 만든 칼을 사용하고 있었습니다.

"아, 죽간을 만들고 있소."

"죽간이 뭐요?"

"아, 이 사람아 죽간도 몰라? 무식하긴. 대나무 '죽'에 나무판 '간', 그러니까 글씨를 쓰기 위해서 만든 판이지."

사람들이 서로 알은체를 하면서 여기저기 낙엽 위나 바위 위에 쭈그리고 앉습니다. 손에는 수수 술과 삶은 돼지 귀가 들려 있었습니다. 노자와 이야기를 즐겨 볼 요량이었지요. 노자는 미소를 머금은 채 초록색 풀죽이 담긴 작은 항아리를 내왔습니다. 여름에 송진을 녹이고 거기에 초록색 풀즙을 섞어 만들어 놓은 것이었습니다. 그러고는 작은 나무 막대에 초록색 풀죽을 찍어 대나무 판 위에 글을 써넣었습니다. 사람들의 눈길이 모두 노자의 손끝으로 모였습니다.

"뭐라고 쓴 거예요? 보니까 네 덩어리 같은데."

"무식하긴, 어디 보자. 음, 앞의 두 글자를 보자. '무위'라고 썼군. 뒤의 두 글자는 '자연'."

"무위자연? 그게 무슨 뜻이오?"

저잣거리에서 서당을 하는 훈장 하나가 목소리에 힘을 줍니다.

"'무'라는 것은 없다는 뜻인데 보통 '……하지 말라.'의 뜻으로

竹 대나무 죽 簡 나무판 간

도 쓰지."

"그럼 그 다음 덩어리는요. 그건 코끼리같이 생겼는데요."

"음, 이건 할 '위' 라고 부르는데 어떤 동작을 한다는 뜻이지."

"그럼, '무위' 는 무엇을 하지 마라, 그런 뜻이 되는가?"

"그렇지. 뭘 하지 마라 그런 뜻이지."

"뭘 하지 말라는 건가?"

"음, 그건, 어흠, 글쎄…… 음, 아무것도 하지 말라는 뜻이야."

"아무것도 안 해? 그럼 죽으라고?"

더듬거리는 훈장의 설명을 듣던 노자가 빙그레 웃으며 천천히 말을 이어갑니다.

"이건 사실 뭔가를 할 때 억지로 하지 말라는 뜻이외다."

"억지로 하지 마라?"

"그렇소. 예를 들면 여름에는 옷을 벗고 지내면 시원할 거고 겨울에는 옷을 입으면 따뜻하지요. 봄에는 씨를 뿌리고 여름에는 김을 매고 가을에는 거두고 말이야. 그런데 가을에 씨를 뿌리고 겨울에 거두려고 하면 되겠소?"

"안 되지. 겨울에는 쑥도 나지 않잖아. 봄에 모았다가 겨울에 깔고 자면 얼마나 따뜻한데."

저잣거리 부잣집 머슴 하나가 엉뚱한 소리로 맞장구를 치자 사람들이 눈총을 쏩니다. 하지만 머슴은 궁금해서 참을 수가 없었습

無 없을 무 爲 할 위 無爲自然 무위자연

니다. 이번에는 질문을 합니다.

"그럼, 다음 두 덩어리는 뭔가요?"

"아, 이건 '자연' 이라는 글자요."

" '자연' ?"

"그렇소, 스스로 '자' , 그렇게 있을 '연' , 그러니까 원래 스스로 그렇게 있는 것들이란 뜻이지."

"자연?"

이번에는 훈장도 무슨 뜻인지 몰라 고개를 갸우뚱합니다. 그도 그럴 것이 '자연' 은 노자 자신이 사색을 통해 만들어 낸 뒤 가슴 속에서 혼자 되뇌이던 말이었으니까요.

"그렇소. 자연. 자연이란 그러니까 우리들 곁에서 스스로 존재하는 나무, 풀, 돌, 시내, 하늘, 바람, 구름 따위를 말하지요."

"그러면, 무위자연이 무슨 뜻이오? 억지로 하려 들지 마라. 그리고 나무, 풀, 돌, 시내, 하늘, 바람, 구름……."

"억지로 하려 들지 말라는 맞았소. 하지만 '자연' 이란 말은 자연의 흐름을 따라 산다는 뜻이요. 결국 무위와 자연은 같은 이야기라고도 할 수 있소."

노자의 무위자연이란 말은 이번에도 여전히 저잣거리로 흘러나갔습니다. 저잣거리에서는 이번에도 노자의 말을 놓고 설왕설래가 많았습니다.

"허, 숲 속의 법칙을 따라서, 그러니까 봄, 여름, 가을, 겨울 사계절의 법칙을 따라서 살아가라는 말이지?"

"그러니 그렇게 가난하게 살지. 가을에 곡식을 잘 거두었다가 겨우내 실한 놈들만 골라 씨앗으로 삼아 봄에 뿌리면 가을 수확이 얼마나 좋아지는지 모르는구먼. 머리를 써야지. 또 그걸 봄에 양식이 모두 떨어졌을 때 비싼 값에 팔 수 있지 않은가 말이야?"

쌀장사를 하는 상인이 비웃었습니다.

"무위? 자연? 아무것도 안 하고 자연 법칙만을 따르며 살아? 그럼 짭짤한 맛을 맛보기 위해서는 매일 바닷가에 가서 바닷물을 마셔야 하나? 여기서 바다가 얼마나 먼데."

황해 바다의 염전에서 소금을 만들어 파는 염상이 거들었습니다. 이 염상은 당시 중원에 있던 주나라 등 여러 나라의 군대에게 소금을 팔면서 큰 부자가 된 사람이었습니다.

"하지만 나는 그 무위자연이란 말이 마음에 드는데……. 너도 나도 자기 계획과 끼리끼리의 술책을 가지고 일을 하다 보면 결국 싸움으로 끝나고 말지. 자연 속에서 자연과 함께 살고 싶은데……."

최근에 벼슬자리에서 밀려나 우울해하던 한 중년의 사내가 쉰 목소리로 말을 받았습니다. 그러자 이번에는 귀족 학교에서 병법을 가르치는 젊은 무사가 야무지게 반론을 폈습니다.

"무위자연, 억지로 무리하게 일을 하지 않고 자연의 이치에 따라 산다는 말은 그럴듯하지. 허나 그렇게 되면 언제나 강한 군대를 가진 나라가 쳐들어 와서 모두 노예로 만들어 버릴 테니 결국에는 자연의 이치대로 살 수 없게 되지."

뜻은 좋지만 사람들이 모두 무위자연하지 않는 한 무위자연 하는 사람만 오히려 피해를 겪게 된다는 말에 사람들은 모두 고개를 끄덕였습니다.

도가의 생각, 유가의 생각

《노자》에서는 자연의 법칙을 따라 살아가야 한다는 사상과 삶의 방식을 '도'라고 표현했기 때문에 이런 사상을 추구하는 사람들을 도가라고도 부릅니다. 집 '가'를 붙인 것은 이 글자가 무리라는 뜻으로도 쓰이기 때문이지요.

결국 도가 사상은 자연의 법칙을 따르려는 사람들의 생각을 대변합니다. 인위적인 억지를 피하고 대신 자연의 이치를 따라 살려는 사람들이 소중하게 여겼던 생각입니다. 하지만 이들은 사람들과의 경쟁과 부대낌 속에서 살아가지 않으면 안 된다는 점도 깨닫게 되었습니다. 때문에 결국 이 두 생각은 역사 속에서 늘 부딪쳐 왔습니다.

도가 사상과 늘 부딪혀 온 사상은 뒤에서 설명하겠지만 현실 속에서 살아남으려 했던 유가 사상입니다. 사람들과의 관계를 피하지 않으면서 다툼을 만들지 않으려고 애를 쓴 사상이 유가사상이지요.

때문에 동양의 역사를 가만히 훑어보면 그 안에는 결국 도가와 유가의 사상이 늘 부딪치고 있음을 보게 됩니다. 그러나 부딪침이 늘 사나운 충돌만을 의미하지는 않았습니다. 왜냐하면 사람들이 때로는 도가적인 모습을 즐기다가도 때로는 유가적인 태도로 삶을 바꾸기도 했기 때문이지요. 그런 탓인지 동양 사람들의 삶 속에는 이 두 가지 요소가 언제나 겹쳐져서 드러납니다. 도가 사상과 유가 사상의 공존이지요.

《노자》는 정말 누가 지었을까요?

자연, 도, 무위자연 등과 관련한 이야기들은 그 시대 사람들이 현실 속에서 조금씩 발견해 낸 삶의 지혜 같은 것이었음을 알게 됩니다. 즉, 그때 사람들이 사람들과의 관계나 사람과 자연과의 관계에 대해 생각하면서 깨우친 내용들이었습니다. 그 내용을 노자라는 인물이 썼다고 사람들은 생각하는 것이지요.

하지만 앞서 말했듯이 심지어 노자라는 인물이 실재했는지에 대해서는 논란이 있습니다. 양쯔 강 남부 지역에서 살았던 인물이라는 설도 있습니다. 사마천은 《사기》에서 노자가 공자와 만났다는 이야기를 하기도 합니다.

학자들은 《노자》라는 책을 어떤 한 개인에 의해 지어진 것으로 보지 않습니다. 그보다는 먼 옛날부터 흘러 내려온 소박한 생각들이 사람들 사이에서 떠돌다가 전국 시대 후반기에 누군가에 의해 책으로 묶였을 것으로 추정하고 있습니다. 특히 《노자》는 앞서 말한 '도'와 덕성이라고 할 때의 '덕'에 대한 설명이 핵심을 이루고 있기에 《도덕경》으로 불리기도 합니다.

왜 사람들 이름 뒤에 '자'가 붙어 있나요?

춘추전국 시대 사상가들의 이름을 보면 성씨 뒤에 모두 '자'가 붙어 있습니다. 아들 '자(子)'이지요. 이 글자는 본래 왕의 아들을 의미했습니다. 특히 은나라 때에는 왕의 아들들이 따로 모여 생활하기도 했는데 이들은 '자족'으로 불렸습니다. 아들들의 종족집단이라는 뜻이지요. 이런 이유로 '자'는 귀족을 구별해 부르는 의미를 갖게 되었고 그런 습속이 후대로 이어져 내려왔던 것입니다. 춘추전국 시대에 사용된 '자'는 귀족을 뜻하기보다는 지식이나 경험이 독특해 일반인들과 구별되는 사람들에게 사용되고 있었습니다.

★☆ 둘.

영뚱한 이야기꾼

장자

노자는 노자, 장자는 장자

장자는 노자의 사상으로부터 영향을 받은 사람입니다. 하지만 장자는 노자와는 분명히 다른 개성을 지니고 있었습니다. 그 개성이 어떤 것인지 《장자》에 등장하는 비유를 통해 조금 살펴볼까요?

"소와 말의 발이 네 개인 것이 자연의 법칙이지. 그러나 말 머리에 굴레를 씌우거나 소의 코에 코뚜레를 하는 것은 억지지."

"어떤 사람이 바닷가에서 갈매기를 잡았지. 그놈을 묘당에 모시고 제사 때 쓰는 경건한 음악을 들려주면서 기름진 제사 음식을 먹였어. 그랬더니 삼 일 만에 죽어 버렸어. 또 야생마를 잡아다가 말굽을 깎아 붙이고 불로 낙인을 찍고 고삐로 묶어 달리게 했더니 열 마리 중에 두세 마리는 죽어 버리는 거야."

이와 같은 비유에서 느낄 수 있지만 장자는 생명체가 자연의 품 안에서 자유스럽게 살아야 한다는 노자 사상의 영향을 받았음에 틀림없습니다. 하지만 노자를 그대로 흉내 낸 것처럼 보이지는 않습니다. 노자의 사상을 근거로 하긴 했지만 장자는 철저하게 상황을 대비하면서 자신의 생각을 자연스레 드러내는 수법을 사용하고있습니다. 노자의 생각을 이어받기는 했지만 자신만의 독특한 정신세계를 표현하기 위해 조금은 까칠하게 굴던 사람입니다.

앞의 노자와 관련한 부분을 읽어 본 여러분도 느끼겠지만 노자의 글은 깊고 사색적인 것이 특징입니다. 반면에 장자의 글은 호방하며 수다가 많고 스케일이 크다는 것을 알게 됩니다. 특히 장자는 노자에 비해 다양하고 절묘한 비유에 능했습니다. 대체로 노자의 글은 짧고 함축적이었기에 이해하기가 쉽지 않습니다. 하지만 장자의 글은 이야기가 길고 흥미로운 비유가 많아 읽기에 부담이 없습니다. 노자의 글은 시에 가까웠지만 장자의 글은 소설에 가까웠다고 볼 수도 있습니다.

왜 장자는 비유를 즐겼을까?

자, 그러면 장자 이야기를 한번 해 볼까요? 장자 역시 노자와 마찬가지로 생활과 관련된 정확한 기록은 전해지지 않습니다. 단지 노자에 비해 후대 사람이며 전국 시대 그러니까 기원전 370여 년경에 존재했던 인물로 학자들은 보고 있습니다. 특히 그가 지은 것으로 알려진 《장자》라는 책은 내용에 일관성이 있고 비유가 독특해 훌륭한 문학작품으로도 평가받지요.

장자는 비유에 뛰어나고 현실을 우화로 잘 비틀어 댔기 때문에 그 시대 사람들의 호기심어린 평가를 받았습니다. 사람들은 장자의 기발함과 재치에 매료되었지요. 그러면 장자는 왜 이렇듯 비유를 즐겼을까요? 장자가 비유를 즐기고 또 현실을 비틀어 표현하려고 한 데에는 전국 시대의 독특한 사회 현상과 관련이 있습니다.

이제 그 이유를 한번 살펴보기로 하지요. 우선 다음의 이야기 한 토막을 들어 볼까요?

제나라의 환이라는 관리가 마루 위에서 철커덕거리며 죽간을 읽고 있었습니다. 그 아래에서는 수레바퀴 전문기술자 윤편이 나무를 깎아 수레바퀴를 만들고 있었습니다. 그러던 그가 망치와 끌을 슬그머니 내려놓더니 환에게 다가갑니다.

"한 말씀 여쭙겠습니다. 지금 읽고 계시는 게 무슨 내용인가요?"

"아, 이거. 성인의 말씀이지."

"그 성인은 지금 살아 계신지요?"

"아니네. 이미 죽었네."

"그럼 대감께서 읽고 계신 책은 옛 사람의 찌꺼기군요."

"아니, 천한 놈이 감히 어디다 대고 시비냐? 네 말이 일리가 있도록 설명해 보거라. 그렇지 못하면 목숨을 보전치 못하리라."

"미천하지만 제 경험에 비추어 말씀드려 보겠습니다. 수레바퀴는 깎을 때 많이 깎으면 헐거워 못 쓰고, 덜 깎으면 빡빡해 못 쓰지요. 어느 정도 깎아야 하는지는 손으로 더듬고 마음으로 느껴 알 수 있을 뿐이지요. 그것을 입으로는 설명할 수가 없지요. 물론 치수가 있습니다. 허나 그 정확한 감이란 것은 제 자식에게도 말로 깨우쳐 줄 수가 없습니다. 그런 까닭에 일흔이 넘은 지금도 이렇듯 손수 수레바퀴를 깎고 있습죠. 그 옛사람도 아마 알맹이는 남기지 못했을 것입니다. 때문에 대감께서 읽고 계신 것을 옛사람의 찌꺼기라고 감히 말씀드리는 것이지요."

위의 이야기는 표면적으로는 책의 한계를 잘 설명해 주는 날카로운 비유입니다. 하지만 장자가 어떤 이유로 이런 비유를 사용했는가를 곰곰이 생각해 보면 이 비유의 대상이 책에 있지 않음을 알게 됩니다. 그보다는 당시 성인의 말씀이라고 부르는 유가들의 가치관을 무비판적으로 받아들이던 많은 사람들을 비판하려는 의도가 있음을 알게 됩니다.

전국 시대 중원에서는 다양한 사람들이 저마다의 생각들을 펼치며 토론을 즐기는 분위기가 짙었습니다. 이런 상황 속에서 노자의

자연관에 심취해 자유 의지를 즐기고 싶었던 장자는 옛사람들의 말을 곧이곧대로 외우고 강요하려 드는 유가들의 경직된 태도가 싫었습니다. 때문에 장자는 기회만 있으면 유가들의 생각, 행동이 잘못되었음을 꼬집고 나섰습니다.

장자는 유가들이 즐겨 쓰는 직설적이고 메마른 표현이 싫었습니다. 해서 장자는 늘 유가들의 행동을 면밀히 관찰했고 그들의 행동을 비틀어 줄 비유를 연구했던 것이지요. 그래서 장자가 유가들을 향해 던지는 비유는 얼핏 넌지시 던지는 듯 보이지만 사실은 팔짝 뛸 만큼 날카로웠던 것입니다.

장자는 늘 이런 식으로 유가 지식인들의 허를 찔러 댔습니다. 하지만 비판적인 말을 본인의 입을 통해 직접 하는 대신 우화적 인물을 통해 들려 주었기 때문에 상대방들은 늘 당하면서도 어쩔 수 없는 상황이었습니다. 오늘날에도 장자의 이야기가 깨소금 맛인 이유가 바로 여기에 있지 않을까요?

꾸준한 관찰은 날카로운 표현을 가능하게 합니다. 결국 장자 비유의 날카로움은 기본적으로 장자 자신이 오래도록 길러 온 예리한 관찰 습관에서 나온 것입니다. 그러면 장자는 무엇 때문에 자신의 주변을 예리하게 관찰해 온 것일까요?

높은 하늘과 아득한 수평선을 똑같이 보고 사는 중원의 사람들이지만 생각이 열리지 못한 저잣거리의 사람들을 보면서 장자는 늘 마음 한구석이 편치 않았습니다. 저잣거리의 사람들이 사소한 일상에 매여 있는 것을 늘 안타까워했습니다. 그는 그 안타까움을 풀어 내

기 위해 절묘한 비유를 만들어 내려고 애를 썼습니다. 이것이 그가 그토록 자신의 주변을 예리하게 관찰한 이유이지요.

장자는 눈을 높이 들어 멀리 보고 크게 생각해야 한다는 주장을 늘 하고 다녔습니다. 물론 그의 주장은 비유를 통해 이루어집니다. 장자는 일상에 매여 사는 사람들을 우물 안 개구리에 비유했습니다. 그의 이러한 비유는 특히 매일 조상 제사에 매여 살면서 예의범절만을 논하는 유가 사람들을 조롱하려는 의도도 담고 있었습니다. 늘 유가 사람들을 다양한 비유를 통해 비웃었지요.

장자는 자신이 넓은 우주를 다 이해하는 사람이라고 늘 자부했습니다. 반면에 유가나 다른 사상가들을 우물 안의 개구리로 여겼습니다. 그 이야기들을 한번 들어 볼까요?

여름 메뚜기에게 얼음을 설명할 수 없지

"자네들 유가와는 말이 안 통해."

"장자, 자네야말로 말이 안 통해. 인간이 뭔지 몰라. 자네는."

"우물 안에 있는 개구리와는 하늘을 이야기할 수 없지."

"어째서? 우물에서는 하늘이 안 보이나?"

"그래, 보이지. 하지만 개구리들이 보는 하늘이라는 것은 우물 테두리만큼 밖에 더하겠어?"

"……."

"여보게, 유가 친구들, 하늘을 본다고 다 똑같은 하늘을 보고 있는 것은 아닐세."

"그래? 그럼 자네가 보는 하늘 이야기 좀 해 보게."

"글쎄."

"왜 자신이 없나?"

"여름 메뚜기에게 얼음이 무언지 설명한다고 알아들을까?"

"……."

"우물 안 개구리에게 바다를 설명할 수 있을까?"

"……."

대화가 되려면 상대도 대화에 필요한 기본적인 이해를 갖추어야 하는 법이지요. 장자는 유가들이 자신의 세계를 공감하기에는 기본적인 이해가 부족하다고 생각했습니다. 특히 사람들의 생각이 너무 작고 얕아 정신세계의 크고 넓음을 다 이해하지 못한다며 안타까워했습니다.

그 때문인지 그는 자신이 남긴 책 《장자》의 맨 앞부분에 기상천

逍 소일할 소 遙 멀리 나들이할 요 遊 유유자적할 유

외한 판타지를 담아 두었습니다. 맨 앞부분의 제목은 '소요유' 입니다. 즉, 소일할 '소', 멀리 나들이 할 '요', 유유자적할 '유' 로 구성된 이 제목은 우주 공간으로 날아올라 유유자적하며 절대의 자유를 만끽하고 싶은 인간의 욕망을 잘 드러내고 있습니다. 그 앞부분을 조금 볼까요?

한 번 날면 육 개월을 나는 붕새

"등 길이가 몇천 리가 되는지 알 수 없는 새 한 마리가 있었지. 붕이라는 새지. 이 녀석은 한 번 날아오르기 위해 날갯짓을 하면 구천 리나 높이 날아오르는데 그때는 바닷물이 삼천 리나 튈 정도로 장관이지. 그리고 한 번 날면 육 개월을 쉬지 않고 날지."

이 책을 쓰다 보니 이 부분을 처음 읽었던 대학 강의실이 생각납니다. 너무나 황당하고 기이한 표현인지라 장자가 마치 미친 사람처럼 느껴지기도 했습니다. 하지만 장자는 인간이 지닌 자유가 일상에 얽매이지 않고 무한하게 펼쳐져야 한다는 점을 강조한 것이지요. 절대적인 자유, 어떤 인간적인 목적조차 거부하는 절대의 자유, 그런 것을 완벽하게 누릴 수 있는 사람은 없을 것입니다. 하지만 장자는 그러한 자유를 만끽하고 싶어 했습니다.

장자는 인간이 누릴 수 있는 자유의 크기를 설명하기 위해 상대적인 두 상황을 들어 다음과 같이 말했습니다.

"작은 그릇에 담긴 물에는 갈댓잎이나 띄울 수 있을 뿐이지. 커다란 배를 띄우려면 물이 깊어야 하지 않겠나? 바람이 작으면 커다란 새도 무력하게 엎드려 있을 뿐이지. 하지만 거대한 바람을 타고 창공을 향해 떠오르면 파란 하늘을 등에 지고 마음껏 날 수 있지."

얼핏 보면 장자는 무척 허황된 생각을 지닌 사람처럼만 보입니다. 현실 생활에 있어야 할 섬세한 관찰이 부족한 사람처럼도 보이고요. 하지만 장자는 눈에 늘 보이는 것보다는 눈에 보이지 않는 것을 볼 수 있어야 함을 강조했습니다. 그러니까 그의 비현실적인 것처럼 보이는 이야기들은 사실 현실적인 것들을 조심스럽게 관찰하는 과정에서 얻어 낸 것들이었습니다. 즉 일반인들이 보지 못하는 것을 볼 수 있는 예리한 눈이 있었던 것이지요. 그와 관련한 이야기를 더 해 보도록 하겠습니다. 유명한 비유인 '포정의 소 잡는 이야기'를 통해서 말입니다.

소를 잡는 포정이 양나라의 혜왕 앞에서 직접 소를 잡는 시범을 보였습니다. 그 솜씨가 무척 비범했습니다. 손으로 소의 뺨을 쓰다듬고 어깨로 떠받치는 동작, 그리고 발걸음을 떼는 과정, 적절하게 구부리는 무릎의 동작들은 마치 우아한 궁중 음악과 어우러진 한판의 춤사위와 들어맞는 듯했습니다.

넋이 나간 듯 그 모습을 보던 혜왕이 더듬거리며 말을 건넵니다.

"그, 그거, 그런 기술을 도대체 어떻게 터득했소?"

"허허, 이건 기술을 뛰어넘는 경지의 것입니다."

"기술을 뛰어넘어? 그게 뭔가?"

"'도' 라고 부르지요."

"'도' ?"

'도' 라는 말에 혜왕은 조금 멈칫했습니다. '도' 라는 말은 그때 중원에 유행하던 말인지라 낯설지는 않았습니다. 그것은 노자라는 인물이 만들어 낸 말인 것은 알고 있었습니다. 하지만 해석에 대해서는 여러 다른 설명들이 있었습니다. 자연과 더불어 자연의 법칙을 따라 살아가는 삶의 방식이라는 이야기도 있고, 인위적인 억지를 버리고 순리를 따르라는 뜻이라는 이야기도 있었던 것을 왕은

기억하고 있었습니다.

"'도' 라면 그 순리를 따르라는 노자인가 뭔가 하는 사내의 그 '도' 요?"

"그런 셈이지요. 제 말씀을 들어 보시지요."

"그러세."

"기술을 넘어서는 '도' 라는 것은 이런 것입니다. 제가 처음 소 앞에 섰을 때는 온통 소의 모습만이 저를 압도했습니다. 그렇게 한 3년 지나니 소의 외형뿐 아니라 다른 것도 보이기 시작했습니다."

"그래, 뭐가 보였소?"

"소의 속 근육과 뼈입니다."

"그걸 볼 수 있소?"

"눈으로는 보이지 않습니다. 마음으로 볼 수 있지요."

"오, 마음으로?"

"이제 소를 잡을 때는 촉감에 의지하지 않고 마음을 따라 칼을 움직입니다. 소가 만들어진 원리를 생각하며 뼈와 뼈의 틈새로 칼을 집어넣고 빈 공간을 따라갈 뿐입니다. 해서 지금껏 한 번도 인대를 건드려 벤 적이 없습니다."

"신비한 능력이로군."

"보통 백정들은 칼을 한 달에 한 자루씩 쓰지요. 난다 긴다 하는 친구들이 일 년에 한 자루를 쓰고요. 모두 근육과 뼈에 칼이 상하기 때문이지요."

"그럼 자네는?"

"저는 19년째 이 칼 한 자루를 쓰고 있습니다. 지금껏 수천 마리의 소를 잡았지만 칼은 방금 숫돌에 간 듯 날카롭습니다."

"대단허이."

"칼은 칼의 길이 있습니다. 칼날을 소의 뼈와 뼈, 힘줄과 힘줄 사이로 움직이다 보면 소도 자신이 죽어 가는 줄을 모른 채 서 있게 되지요. 그러고는 마침내 모든 부위가 갈라지면서 흙더미처럼 털썩 주저앉게 되지요."

"설명을 듣고 보니 참으로 인생을 어떻게 살아가야 하는지 터득한 듯 싶소."

이 우화는 하나의 기술이 마음과 합치되면서 예술적인 경지로까지 오를 수 있음을 설명하고 있습니다. 그러니까 장자의 '도'는 깊은 집중력의 마음과 노력의 결과인 현실적 기술이 연결된 경지라고도 할 수 있습니다.

앞에서 본 것처럼 장자의 '도'는 노자의 그것과 조금 다르게 느껴집니다. 노자의 도는 인위적인 억지를 배제하면서 자연의 법칙을 이상적인 기준으로 삼으려는 태도를 보입니다. 현실 생활에서는 철저하게 도피하고 은둔하는 모습이 보입니다.

반면에 장자는 노자처럼 인위적인 억지는 배제하지만 현실 속에서 뭔가 해결책을 찾으려 합니다. 때문에 여전히 자연의 법칙을 존중하고 인위적인 행동을 배격하지만 노자처럼 저잣거리를 떠나 숲으로, 자연 속으로 숨어 들어갈 생각은 없어 보입니다.

절대의 가치는 절대 존재하지 않지

장자는 자연이나 인생에는 한쪽으로만 치우친 절대적 가치가 없다고 생각했습니다. 그는 이런 생각을 유머가 가득한 우화들로 펼쳐 보입니다. 그중에 유명한 것이 학의 긴 다리와 오리의 짧은 다리를 비교하는 우화입니다.

"와우, 난 이 짧은 다리가 너무 멋있어. 야, 학! 너는 다리가 너무 길어. 맥이 하나도 없어 보여. 좀 적당하게 잘라라."

"그래? 난 네 짧은 오리 다리, 그 숏 다리가 흉측해 보여. 그게 뭐냐? 다리가 이렇게 좀 길어야 걸어도 우아한 폼이 나지."

여러분은 오리와 학의 대화를 들으면서 어떤 생각이 드나요? 오리 다리는 늘려 주고 학의 다리는 잘라 주어야 할까요? 장자의 말을 들어 볼까요?

"오리 다리가 짧지만 늘려 주면 그게 문제가 되지. 학의 다리가 길어도 자르면 아프고 슬프지."

장자는 사람들이 좋다 나쁘다고 판단하는 자체가 상대적 관점과 평가에서 비롯된 것으로 봅니다. 예쁘다 못생겼다의 관점도 결국은 비교의 결과라는 이야기지요. 엄마 아빠에게는 무조건 내 아들딸은

다른 집 아이들보다 예쁘게 보이지요. 하지만 다른 사람은 다르게 생각하겠지요.

이렇듯 모든 사물의 가치는 결국 모두 동등하고 가지런하다는 생각을 장자는 하고 있었습니다. 이러한 생각을 사람들은 제물론이라고 불렀습니다.

보리 이삭처럼 가지런할 '제', 사물 '물', 논리적인 이야기 '론'을 합쳐서 만든 단어입니다. 모든 사물의 가치는 결국 봄에 보리 이삭처럼 그 높이가 가지런하다는 뜻을 표현한 것이지요.

모든 생명체는 그 존재 가치에 있어 동일합니다. 외형적인 모습이 서로 다를 뿐이지요. 모든 존재는 서로 달라 보이지만 결국 그 가치가 동등하다는 뜻입니다. 결국 제물론이란 보는 관점에 따라 사물의 가치가 달라질 수 있다는 유연성을 말하는 것이기도 하지요.

齊 보리 이삭처럼 가지런할 제　物 사물 물　論 논리적인 이야기 론

춘추전국 시대가 뭔가요?

나는 중국 고대의 갑골문과 청동기 문자를 연구하는 사람입니다. 그 연구를 통해 은이라는 나라의 실체를 확인하고 있습니다. 은나라는 기원전 1300년 무렵부터 기원전 1046년까지 존재했습니다.

기원전 1046년, 은나라는 주변 700~800개에 달하는 부족들을 동원해 쳐들어온 주나라에 의해 멸망합니다.

그때 은나라에는 많은 지식인들이 있었습니다. 날씨 변화를 잘 관찰했던 사람들이 있었는가 하면 전쟁에 관해 해박한 지식이 있는 사람들도 있었습니다. 또 사람들의 마음을 잘 읽어 왕이 어떻게 정치를 하면 좋을지에 대해 조언하는 사람들도 있었고요. 그런가 하면 계획을 잘 세

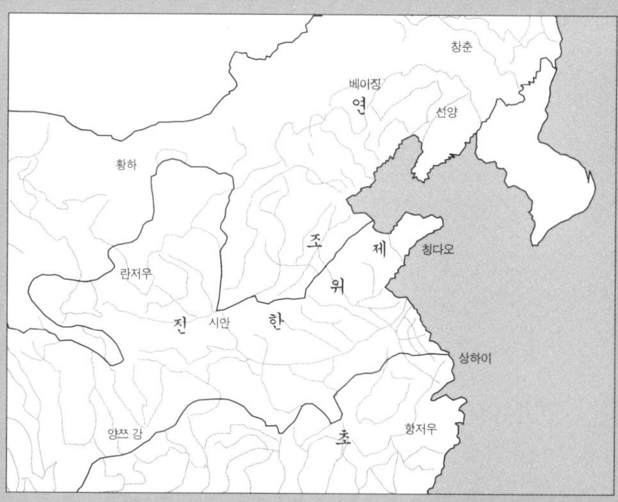

우고 관리를 잘 하는 사람들도 있었습니다. 그런데 은나라가 망하고 주나라가 중원에서 세력을 잡자 이들은 새로운 고민을 하게 되었습니다. 즉, 새로운 주나라에서 벼슬을 얻을 것인가 아니면 서로 습관과 사투리가 심해 의사소통이 잘 안 되니 벼슬을 버리고 자연 속으로 들어갈 것인가에 대해 생각하게 된 것이지요. 이런 과정이 약 300여 년 동안 계속되었습니다. 이때를 서주 시대라고 합니다.

기원전 770년 무렵부터 주나라의 황실은 힘을 잃기 시작합니다. 그 이후 중원에는 뚜렷하게 힘이 강한 나라가 없이 여러 나라들이 서로 힘겨루기를 하게 되었습니다. 이러한 힘겨루기는 기원전 476년까지 약 300여 년간 이어집니다. 이때 중원에서 각축을 벌이던 나라의 수는 약 170여 개로 알려지고 있습니다. 이 시기를 역사에서는 춘추 시대라고 부릅니다.

이후 중원의 소용돌이는 기원전 221년까지 다시 이어집니다. 기원전 221년은 진시황이 중국을 최초로 통일한 때입니다. 진시황이 중국을 통일하기 전, 중원의 나라들은 약 20여 개로 줄어들었다가 다시 7개로 줄어들게 됩니다. 이 시기를 전국 시대라고 부릅니다.

정리해 보면 서주 시대 이후 약 500여 년 동안 중원의 혼란은 극에 달한 상태였습니다. 사람들은 이 두 시기를 합쳐 흔히 춘추전국 시대라고 부릅니다.

★☆ 셋.

사람을 알고 싶다,
공자

공자가 무당이었다고?

사람은 어떻게 살아가는 것이 가장 행복할까? 이 질문에 대한 답을 노자는 숲과 물을 품고 있는 자연 속에서 찾아냈습니다. 장자는 노자의 해답에 고개를 끄덕였습니다. 하지만 노자가 사람들과의 다툼을 피하기 위해 자연 속으로 은둔했다면 장자는 상대방들의 약점을 두드리면서 자신의 생각을 펼쳤습니다. 보다 적극적인 셈입니다.

그러면 노자나 장자와는 다른 입장에서 인간의 삶을 살핀 사람들은 누구일까요? 앞에서 잠깐 언급했지만 바로 유가로 불리는 사람들이었습니다. 공자의 생각을 따르던 무리이지요. 그런데 왜 공자를 따르던 무리들을 유가라고 불렀을까요? 이제부터 그 이야기를 하려 합니다.

유가에 대해 제대로 이해하기 위해서는 먼저 유가의 '유' 자에 대해 알아야 합니다. 유儒라는 한자 글꼴을 봅시다.

먼저 사람 인人 변이 글자 왼쪽에 있습니다. 이 뜻은 이 글자가 사람의 신분이나 성품과 관계있음을 암시합니다.

글꼴의 오른쪽은 수需 자입니다. 이 글꼴은 다시 위 아래로 나눌 수 있습니다. 글꼴의 위 부분은 비 우雨입니다. 즉 이 글꼴은 비와 관계있음을 보여 줍니다. 아래 부분은 이而입니다. 이 글자는 고대

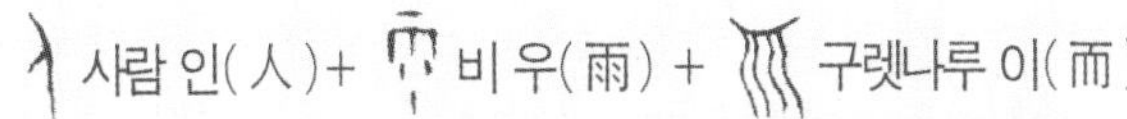

에 '그리고' 또는 '그러나' 등으로 쓰였습니다. 그래서 우리나라에서는 '말미암을 이'라고 부르기도 합니다. 그러나 사실 이 글꼴은 서 있는 모습의 사람인 큰 대大 자가 변형된 모습입니다.

비와 서 있는 사람, 이 둘은 무엇을 암시하는 것일까요? 이 글꼴은 사실 비를 부르며 서 있는 사람, 즉 기우제를 지내는 무당을 뜻합니다. 그러니까 유儒 자의 전체 의미는 비를 부르기 위해 기우제를 지내며 서 있는 사람인 무당을 나타냅니다.

왜 무당이 유가의 대표 인물로 나타난 것일까요? 그 이유를 제대로 이해하려면 지금으로부터 3000여 년 전 중원의 고대 문화를 조금 살펴볼 필요가 있습니다.

짐작하겠지만 자연 현상들을 과학의 눈으로 이해할 수 없었던 고대 사회에는 수많은 미신이 존재했습니다. 샤머니즘이라 하는 이 미신들은 무당들이 주도했습니다. 무당들은 부족원들에게 점을 치거나 독특한 자연 현상을 근거로 날씨, 출산, 병, 전쟁의 승패 등에 대해 설명해 주었습니다.

그 과정에서 무당들은 자연스럽게 부족원들의 일과 일상을 관리할 수 있는 권위와 발언권을 갖게 되었습니다. 고대 사회에서는 이렇듯 무당들이 관리의 역할을 하게 되었습니다. 하나의 직업인 셈입니다. 요즘 말로 하면 공무원이었던 셈입니다.

샤머니즘의 힘을 근거로 부족원들에게 관리권을 행사할 수 있었던 이 무당들을 일컫는 전문 명칭이 바로 '유' 인 것입니다.

그러니까 '유' 는 주로 샤머니즘에 근거한 행위인 굿이나 제사 등을 통해 주술적인 권위를 지니게 된 관리들을 뜻합니다. 이들은 자연과 사람에 대한 관찰 속에서 얻은 지식들을 풍부하게 지니고 있었습니다. 결국 '유' 는 고대 사회의 샤머니즘적인 지식인들을 뜻합니다. '유' 는 자신들의 샤머니즘적 권위와 지식을 통해 사람들의 생활을 통제하고 관리하는 신분의 사람들이었습니다.

이제 노자, 장자와 유가들의 생각을 비교해 봅시다. 결론적으로 노자나 장자는 자유스러움 속에서 사람들이 삶의 행복을 찾을 수 있어야 한다고 생각했습니다. 반면에 공자와 유가들은 일반 백성들이 제멋대로 자유스럽게 행동하는 것은 옳지 않다고 보았습니다. 그보다는 주술적 권위에 따른 행동과 자신들이 제시하는 관리 지침을 따라 생활해야 행복해질 수 있다고 강조했습니다.

이제 독자 여러분들은 왜 장자가 그토록 유가에 대해 비판적이었는지를 조금은 이해할 수 있을 것입니다. 지금부터 유가들이 가졌던 생각들이 구체적으로 무엇이었는지 살펴보겠습니다.

유가들은 무엇을 가장 즐거워했을까?

유가들의 생각을 가장 잘 담고 있는 책의 이름은 《논어》입니다. 논술이라고 할 때의 '논'으로도 쓰이는 이 '논'은 원래 사람들의 말들을 묶는다는 의미를 갖고 있습니다. 그리고 '어'란 개인의 의견을 의미합니다. 그러니까 논어라는 말은 개인의 말을 묶어 놓은 책이라는 뜻을 갖게 됩니다.

그 개인은 누구일까요? 바로 공자라는 사람입니다. 《논어》라는 책은 공자라는 개인의 말을 묶어 놓은 책이라는 뜻이 됩니다. 사실 《논어》는 훗날 공자의 제자들이 기억을 더듬어 공자의 말과 다른

論 말 묶을 논　語 말 어

제자들의 말을 편집한 책입니다. 물론 편집 과정에서 출처를 알 수 없는 내용들도 일부 들어가게 되었고요.

《논어》는 어떤 내용을 담고 있는 책일까요? 이 문제를 풀기 위해서 책의 맨 처음 구절을 보도록 하지요. 책을 만드는 사람들은 책의 앞에 중요한 부분을 두게 마련이지요. 《논어》는 책의 맨 앞부분에서 사람들이 기뻐해야 할 세 가지 사안을 제시하고 있습니다. 첫 번째는 이런 말입니다.

"공자가 '배우고, 그 배운 것을 시간이 있을 때마다 몸에 익히면 정말 즐겁지 않을까?' 하고 말했다."

좀 싱겁지요? 옛날 책은 원래 좀 이래요. 그런데 책에는 무엇을 배운다는 내용에 대한 설명이 없습니다. 그래서 수천 년 동안 그 내용에 대한 억측과 설왕설래가 있었습니다. 도대체 무엇을 배운다는 말일까요? 말의 뒷부분을 읽어 보니 그것은 단순한 지식이 아니라 몸소 익혀야 하는 대상임을 알 수 있습니다. 그게 뭘까요?

그 내용은 바로 제사를 지낼 때나 왕이나 귀족들을 만났을 때 필요한 동작과 순서 등입니다. 이러한 동작들은 단순히 암기를 한다고 해서 익혀지는 것이 아닙니다. 반드시 연습으로 전 과정을 몸에 익혀야 합니다. 동양 사회에서 예의범절을 몸으로 익히도록 강조해

온 문화적 근거가 바로 여기에 있습니다.

《논어》의 두 번째 구절은 이렇습니다.

"핏줄을 같이 하는 친족이 멀리서 찾아오면 그 또한 즐겁지 않겠어?"

유가에서는 핏줄이 같은 친족을 소중하게 여깁니다. 첩이 많은 시대인지라 어머니는 달라도 아버지가 같으면 함께 이익과 권한을 나눌 수 있었습니다. 여기서 하나 설명할 부분이 있습니다.

이 책에서 '핏줄을 같이 하는 친족'으로 해석한 부분의 원문은 '붕'이라는 글자입니다. 이 '붕'은 흔히 '벗 붕'이라고 부르지요. 때문에 이 구절을 보통은 '가치관을 함께 하는 친구'로 풀었습니다. 나도 이제껏 그렇게 해석해 왔습니다. 그러나 최근에 발견된 갑골문 자료들을 근거로 중국학자들은 '붕'의 의미가 전혀 다르다는 것을 밝혀냈습니다. 바로 '핏줄을 같이 하는 친족'의 의미로 말입니다. 따라서 이 책을 통해 새로운 학설도 함께 소개하는 것입니다.

어쨌든《논어》에서는 핏줄을 함께 하는 친족과의 만남을 즐거운 것이라고 말합니다. 즉, 유가들의 만남은 혈연을 근거로 이루어진다는 조건이 달려 있습니다. 노자나 장자가 자연을 벗 삼는 경우와 달리 유가들은 철저하게 사람, 그중에서도 아버지를 공유하는 혈연

𣏟 벗 붕(朋)

관계의 사람들을 절친한 만남의 범주로 국한하고 있습니다.

세 번째 구절은 아주 의미심장합니다.

"사람들이 나를 알아주지 않는다 해도 화를 내지 않으면 군자가 아니겠는가?"

'사람들이 나를 알아주지 않는다'는 상황은 노자처럼 숲 속에서 살면 모를까 저잣거리에서 사는 사람들에게는 무척 속상한 것입니다. 그 먼 옛날에 실제로 있었던 왕따의 모습이기도 합니다. 그런데 그 대응 태도가 특이합니다. 화를 내지 않는 것입니다. 하지만 사람인 이상 화를 내지 않는다는 것은 거의 불가능하겠지요.

때문에 공자는 화를 내지 않는 경우를 보통 사람들 모두에게 강요하지 않습니다. 군자라는, 자신이 만들어 낸 이상형 인물을 들어 넌지시 권해 봅니다.

이제 세 구절의 말을 종합해 봅니다. 유가들은 제사나 왕 또는 귀족들을 대면할 때 사용되는 예의범절을 중요하게 여겼습니다. 그와 동시에 권한과 이익을 공유할 수 있는 핏줄이 같은 친족들과의 만남을 즐기고 있음을 알게 됩니다. 결국 유가는 많은 학자들이 지적하듯이 귀족이나 세력 있는 사람들과의 관계, 그리고 혈연을 중심으로 한 인간관계를 유지하고 돈독히 해 나가는 데 깊은 관심을

기울이고 있었습니다.

그러나 세 번째 구절을 뒤집어 보면 알 수 있듯이 유가들은 특정 집단의 인간관계만을 중요하게 여겼기 때문에 다른 사람들이나 집단과의 관계 속에서 따돌림을 당하거나 인정받지 못한 경험들이 있음도 알게 됩니다.

공자가 강조한 다섯 가지

어떻게 하면 사람들과의 관계를 잘 유지할 수 있을까를 곰곰이 살핀 공자는 평생토록 다음과 같은 다섯 가지를 강조하게 됩니다. 먼저 이 다섯 가지를 간단히 소개한 뒤 관련 문구를 설명하겠습니다.

우선 공자는 사람들과의 관계가 원만하기 위해서는 이해심이 있어야 함을 강조했습니다. 한자로는 '인'이 해당되는데, 때로는 '어질다'라고 풀기도 합니다. 두 번째는 '예'를 강조합니다. 이 말은 단순한 예의범절과는 조금 다른 차원으로 이해해야 합니다. 고대의 조상숭배와 제사를 이해해야 하지요.

세 번째는 바로 조상숭배와 제사 그 자체입니다. 혈연으로 연결

仁 어질 인 禮 예절 예 義 옳을 의

된 조상에 대한 제사는 공자 사상의 핵심으로 공자 사상의 모든 배경과 내면세계는 모두 이 조상의 제사와 깊은 관련이 있습니다.

네 번째는 '의'를 강조했습니다. 공자는 비굴한 것을 싫어했습니다. 또 사소한 이익을 얻기 위해 마음을 속이는 일을 좋아하지 않았습니다.

마지막으로 공자는 남자, 여자, 군자, 소인 등으로 사람들을 구별했습니다. 공자는 사람들의 행위를 근거로 인품을 나눌 수 있다고 생각했습니다. 특히 남자와 여자, 군자와 소인의 경우 인품이 다르고 행위 역시 구별된다고 생각했습니다. 얼핏 보기에는 옳은 듯합니다. 하지만 어떤 면은 아주 위험하지요.

이제 위 다섯 가지 가치와 관련한 이야기들을 《논어》라는 책을 보면서 풀어 보도록 하지요. 먼저 공자가 강조한 '인'에 대해 살펴보기로 합니다.

'인'이란 사람들과의 원만한 관계

공자는 《논어》에서 인仁이라는 글자에 대해 많은 이야기를 하고 있습니다. 앞서도 말했듯이 '어질다'로 흔히 해석하지만 사실은 '사람들과의 원만한 관계', '이해심' 정도로 풀어 놓는 것이 더 타당합니다. 이 글꼴은 사람 인人과 두 이二로 이루어져 있다 해서 두 사람의 관계를 일컫는 글자라고 해석하기도 합니다.

그러나 최근 고고학적 발굴을 통해 발굴된 당시의 자료에 의하면 두 이二는 위 상上 자일 가능성이 더 높습니다. 고대 문자에서 위 상上은 두 이二와 유사한 모습이거든요. 즉, 상하 관계의 상上의 뜻이 되는 셈인데 이렇게 되면 이제까지 권위를 가지고 있었던 두 사람의 관계라는 해석은 모두 문제가 될 수도 있습니다. (너무 전문적인 부분이라 자세한 설명은 하지 않겠습니다.)

어쨌든 어떻게 하면 사람과의 부대낌 속에서 따돌림을 당하지 않고 사람들과 잘 지낼 수 있을까? 이 질문은 공자와 유가들의 최대 관심사였습니다. 사실 어떻게 보면 이 질문은 나나 여러분들도 늘 하는 질문이기도 합니다. 오랜 고민과 관찰 끝에 공자와 유가들은 나름의 답을 찾아냈습니다. 《논어》에 다음과 같은 구절이 나옵니다.

"덕스러운 사람은 외롭지 않게 된다. 언제나 이웃을 얻게 된다."

별로 어렵지 않은 말이지요. 덕스럽다는 말은 마음이 너그럽다로

사람 인(人) + 두 이(二), 위 상(上)

해석해도 무방합니다. 또는 이해심이 깊다로 해석해도 되는 말입니다. 이런 사람의 주변에는 많은 사람들이 모이게 마련이지요. 말을 주고받을 때 마음이 편하니까 사람들이 점점 많아지게 되지요.

앞서도 말했지만 유가들은 사람들과의 관계 속에는 따돌림이 있음을 알고 있었습니다. 자신들도 다른 사람들을 따돌리기도 했고 다른 사람들로부터 따돌림을 당하기도 했습니다. 그들은 따돌림이 사람의 마음에 깊은 상처를 주는 것을 경험으로 잘 알고 있었습니다. 때문에 유가들은 자신들에게 적대적인 감정을 지닌 사람이 생기지 않도록 경계했습니다.

덕스럽게 살라는 유가들의 주장은 저잣거리에 사는 사람들의 주목을 받았습니다. 반목과 시기, 미움과 질투로 생겨난 다툼이 끊이지 않던 춘추전국 시대였기 때문이지요. 주변 사람들과 원만한 관계를 맺으면 평온한 삶을 이룰 수 있다는 공자와 유가들의 주장에 많은 사람들이 동조했습니다.

노자가 저잣거리의 어수선함과 사나움을 피해 숲으로 들어간 것과는 달리 공자는 저잣거리에서 답을 찾으려 했습니다. 이 점이 사람들에게는 매력적으로 보였습니다.

그런데 공자나 유가의 생각대로 살고자 하면 할수록 삶은 더 묘하게 꼬여 갔습니다. 사람들과 원만한 관계를 유지하려 했지만 오히려 공자와 유가들은 따돌림을 당했습니다. 이 나라 저 나라로 돌아다녀 보았지만 변변한 대접도 받지 못했습니다. 공자 역시 변변치 않은 벼슬을 했을 뿐입니다.

'인' 이란 것의 실천이 그만큼 쉽지 않기 때문이겠지요.

'예'의 근본은 조상 제사

공자는 제자들에게 '예' 에 대해 많은 이야기를 했습니다. 제자들도 '예' 와 관련해 많은 질문을 했고요.

공자는 '예' 가 무엇이다라고 딱 부러지게 말하지 않았습니다. 그저 상황에 따라서 이런 저런 이야기로 '예' 를 설명하려 한 것이 기록에 보일 뿐이지요. 때문에 《논어》를 읽어 보아도 그 정확한 의미를 완전히 파악하기는 힘듭니다. 하지만 전체적으로 볼 때 공자가 말한 '예' 는 조상에게 지내는 제사의 행동 규칙과 그에 따른 다양한 행동거지임을 알게 됩니다.

예禮라는 한자의 글꼴을 조금 뜯어볼까요?

왼쪽에는 보일 시示가 있습니다. 이 글꼴은 원래 고대 사회에서 흙, 강물, 하늘, 조상 등에게 제사를 지낼 때 쓰던 제단의 모습입니다.

사람들은 제단에 제물을 놓고 제사를 지내면 흙, 강물, 하늘, 조상 등이 반응하고 뭔가 장차 일어날 일을 보여 줄 거라고 생각했습니다. 시示가 '보이다.'의 의미를 갖게 된 것도 바로 이 때문입니다.

글꼴의 오른쪽은 풍豊입니다. 흔히 풍년 풍豊으로 읽습니다. 그러나 원래 글꼴은 제사를 지낼 때 그릇 위에 제물, 특히 보석류인 옥을 담은 모습을 그린 것입니다. 옥은 광물입니다만, 고대로부터 사람들은 옥을 귀신과 통할 수 있는 영험한 물질로 보았습니다. 그래서 귀족들은 시체를 매장할 때 옥을 죽은 사람의 입에 물려 놓기도 했습니다.

결국 '예'라는 글꼴은 제사를 지내는 모습입니다. 제사를 지낼 때는 여러 가지 문화적 규칙과 행동 등이 따릅니다. '예'란 이러한 규칙과 행동을 뭉뚱그려 표현하는 글자입니다. 다시 말해 '예'는 제사를 지낼 때 사람들이 따라야 할 행동과 규칙이 됩니다.

공자는 조상에게 지내는 제사는 매우 엄숙하고 조심스럽게 진행되어야 한다고 말합니다. 다음의 말을 들어 봅시다.

"조상에게 제사를 지낼 때는 그 조상이 마치 그곳에 와 있는 듯이 해야 한다."

바로 이런 조심스러운 태도와 심리 상태를 사람과 사람 사이에도 적용해야 한다고 생각한 사람이 바로 공자입니다. 공자는《논어》에서 다음과 같은 말을 합니다.

"예를 행할 때 공경하는 마음을 갖지 않는 사람은 상대할 수가 없다."

《논어》 속에서 공자가 한 말의 앞뒤를 가만히 살펴보면, 공자는 공경이라는 심리 상태의 근원을 제사 때의 마음가짐에 두고 있음을 알게 됩니다. 결국 공자는 제사 때의 정신과 태도가, 살아 있는 사람과 사람 사이에서도 유지되어야 하는데 그것이 바로 '예' 라고 말하는 것입니다.

여기서 '예' 가 무엇인지를 종합적으로 설명하는 책《예기》에서 소개하는 다음 구절을 보도록 하지요. 공자의 '예' 가 추구하는 근본정신이 무엇인지를 알 수 있습니다.

"정치의 정신 가운데 '예' 보다 소중한 것은 없다. '예' 에는 다섯 가지 종류가 있다. 그중에서 가장 중요한 것은 제사의 '예' 이다."

동양 사람들이 예의범절을 이야기할 때 서로의 편안한 관계보다

示 제단 시(示) + 豊 풍성할 례(豊) (풍으로도 읽음)

는 서로의 행동을 어떤 틀에 맞추어 지나치게 규제하고 간섭하려는 이유를 여기서 찾을 수 있겠습니다. 유가가 말하는 '예'의 근본정신은 살아 있는 사람과의 관계가 아닌 죽은 조상을 위해 지내는 제사에서 필요한 마음과 행동이기 때문이지요.

왜 공자는 조상 제사를 강조했나?

그러면 왜 공자는 조상 제사를 강조했을까요? 춘추전국 시대에도 은나라 때부터 흘러내려온 조상 제사 문화가 있었습니다. 하지만 다른 사상가들과 달리 공자는 조상 제사에 대해 수시로 언급하면서 그 의미를 파악하려 애썼습니다. 또 조상 제사의 문화를 보다 확산시키고 전파하려고 했습니다.

공자는 《논어》에서 제사를 지내는 직계 조상을 '귀'라고 불렀습니다. 흔히 말하는 귀신 '귀'는 제사를 받는 직계 혈족 조상을 의미합니다.

"자신의 직계 조상 '귀'에게 제사하지 않는 것은 아첨이다."

귀신 귀(鬼)

이 말은 다른 혈족의 조상이 아닌 친족의 혈족에게 제사를 지내야 한다는 뜻입니다. 공자와 유가들은 철저하게 아버지의 피를 이은 조상 제사를 강조했습니다. 이 점은 유가들이 당시의 대다수 사상가들과 잘 구별되는 부분입니다.

공자는 왜 이렇듯 조상에 대한 제사를 중요하게 여겼을까요? 거기에는 두 가지 이유가 있습니다.

하나는 공자가 춘추 시대 이전에 있던 은나라의 문화를 선망했기 때문입니다. 은나라는 자신들의 혈족 제사를 통해 국가의 단결을 도모하던 나라였습니다. 때문에 다양한 제사를 지냈고, 제사와 관련된 엄격한 형식을 통해 국가의 권위를 다지던 나라였지요. 그런 은나라의 문화를 공자는 회복해야 할 이상향으로 보았습니다.

공자는 춘추 시대의 제후들이 은나라의 문화를 이어받기를 희망했습니다. 혈친에 대한 조상 제사를 통해 나라의 모든 조직이 혈연을 근거로 구성되기를 원했습니다. 그리고 제사 때의 조심스러운 태도가 인간관계에 적용되어 서로 공경하는 마음을 갖추길 희망했습니다. 그렇게 되면 온 나라가 분란이 없이 평온해지리라 생각했기 때문이지요.

또 다른 이유는 공자 자신이 아버지가 없는 사람이었기 때문일 것으로 보입니다. 아버지가 없었기에 혈연의 끈을 이어 줄 수 있는 제사를 통해 아버지가 없었던 데서 오는 허탈한 마음을 메우려고

했을 가능성도 생각해 볼 수 있습니다.

어쨌든 이것이 공자와 다른 사상가들과의 커다란 차이점입니다.

의를 행하는 사람이 용기 있는 사람

공자가 자신의 생각을 전파하던 춘추 시대나 그의 제자들인 유가가 사상을 전파하던 전국 시대는 배신이 횡행하는 때였습니다. 서로를 믿지 못해 배반하고 팔아넘기며 자신들의 이익만을 극도로 챙기던 시대였습니다.

사람들은 배신을 막기 위해 무엇인가를 약속할 때마다 무시무시한 의식을 치르기도 했습니다. 흰 말을 잡아 그 피를 나누어 마시기도 했습니다. 흰 말과 붉은 피를 대비시켜 으스스한 느낌을 만들어 내는 것이지요. 배신하면 이 말처럼 붉은 피를 보게 되리라는 공포 분위기를 조성하면서요.

공자는 사람들이 이익에 따라 배신을 일삼는 이런 점이 못마땅했습니다. 그저 마음으로 서로를 믿을 수 있어야겠다고 생각했습니다.

"이익이 되는 일을 보면 그것이 의로운 것인가를 생각한다."

공자는 조금 손해를 보아도 옳은 것을 지켜 나가야 함을 강조했습니다. 그러나 옳은 것을 지키기 위해서는 때로 어려움을 만날 수도 있고 손해를 볼 수도 있었습니다. 따라서 용기가 없이는 행동하기 어렵겠지요. 그래서 공자는 이렇게 말했습니다.

"의로운 일을 보고도 행하지 않는다면 용기가 없는 것이다."

이와 아울러 공자는 의가 무엇인지 이해하는 것을 근거로 군자와 소인을 구별했습니다.

"어떤 일을 놓고 판단할 때 군자는 의로운 일인가를 살피는 반면에 소인은 이익이 되는가를 알려 한다."

이 말들은 곰곰이 생각해 보면 상식처럼 보입니다. 맞습니다. 사실 공자는 상식이 회복되어야 함을 주장하던 사람이기도 했습니다.

여성은 남성보다 열등하다

공자와 유가들이 주장한 인이나 의 등은 당시의 많은 사람들이 공감하던 상식이었습니다. 단지 실행이 어려울 뿐이었지요.

그런데 공자와 유가들은 이러한 상식 외에 독특한 주장을 하고 있습니다. 앞서 살펴본 것처럼 조상 제사를 강조한 것도 남다른 주장이었습니다. 그리고 곧 소개할 여성을 남성보다 열등한 존재로

보는 견해나 사람들의 성품을 군자와 소인으로 나누는 발상 역시 매우 독특한 것들입니다. 먼저 여성에 대한 공자와 유가들의 의견을 들어 봅시다.

"여자와 소인배는 기르기가 쉽지 않지. 가까이 하면 버릇이 없어지고 멀리 하면 토라지니 말이야."

공자와 유가들은 그 시대의 다른 사상가들과 달리 남성이 여성보다 우월하다고 생각하는 사람들이었습니다. 그들은 늘 인간관계에 대해 말했습니다. 그러나 구체적으로 보면 여성과 아이들을 제외한 인간관계를 가리킴을 알게 됩니다. 공자와 유가들이 말하는 인간관계는 남자와 여자를 동등하게 포용하는 관계가 아니었습니다. 주로 벼슬을 하는 남자들끼리의 관계였지요.

사람들과의 관계는 여자, 남자, 어른, 아이들 모두가 연결되어 있게 마련입니다. 따라서 모두가 서로 동등하게 인정받을 수 있을 때 좋은 관계가 이루어집니다. 공자가 말하는 덕스러운 관계, 인간적인 관계도 사실 여성과 아이들까지 포함할 때 가능해질 수 있습니다. 하지만 아쉽게도 공자는 그 부분에서 부족했습니다.

사람을 군자와 소인으로 나누다

이번에는 군자와 소인의 구별에 대해 살펴봅니다. 여성과 남성을 구별한 공자와 유가는 이번에는 남성들을 다시 군자와 소인으로 나눕니다. 공자는 사람들의 성품을 군자와 소인의 성품으로 나누었습니다. 군자, 소인과 관련된 기록은 많이 볼 수 있습니다. 흥미로운 것 하나를 소개하지요.

"군자는 사람에게 합리적으로 대하려 하고 이기적으로 대하지 않는다. 반면에 소인은 이기적으로 대하려 들고 합리적으로 대하려 들지 않는다."

이 말은 얼핏 보아서는 큰 문제가 없어 보입니다. 왜냐하면 이기적인 태도가 옳지 않은 것은 당연하기 때문이지요. 그러나 조금 다른 측면에서 생각해 보면 문제점을 발견하게 됩니다. 그것은 사람을 군자와 소인으로 나누는 태도입니다.

이렇게 사람을 구분해서 판정해 놓으면 사람들은 어쩔 수 없이 둘 중 하나를 선택해야만 합니다. 그럴 경우, 사람들은 다른 사람에게 합리적인 태도를 보이지 않으면서도 자신을 군자로 위장하고 싶

어 하겠지요. 그리고 나는 군자, 너는 소인 하면서 편 가르기를 하기가 쉬워집니다. 실제로 동양의 역사 속에서 많은 사람들이 바로 이런 실수를 저지르며 살았습니다. 위선적인 행동을 할 수밖에 없었던 것이지요. 또 편을 가르며 서로를 경계하며 살기도 했습니다.

이런 점에서 보면, 공자는 사람을 군자와 소인으로 나누기보다는 단지 이기적이지 않은 것이 왜 더 나은가를 설명하는 편이 나을 뻔했습니다. 군자니 소인이니 하는 말이 아예 없었다면 사람들은 스스로를 군자라고 속일 근거도 없었을 테니까요.

공자의 아버지는 공씨일까요?

이 질문은 공자도 궁금해했던 질문입니다.

공자는 아버지가 누구인지 모르고 자랐습니다. 공자가 태어났을 때는 어머니만 계셨습니다. 당연히 아버지가 궁금했지요. 하지만 기록을 보면 공자의 어머니는 아버지에 대해 아무것도 말해주지 않았습니다.

그 이유는 공자의 어머니조차도 자신을 임신케 한 남자가 누구인지 잘 모르기 때문입니다. 얼핏 듣기에 이상하게 들릴 수도 있습니다. 하지만 공자가 태어날 무렵 중원에서 유행하던 풍속을 하나 소개하면 조금 이해가 될지도 모르겠습니다.

그 무렵에는 마을마다 봄을 맞이하는 성대한 축제가 열렸습니다. 기나긴 겨울 끝에 만나는 봄은 참으로 사람들의 마음을 설레게 하지요. 얼었던 땅이 녹고 초록의 풀잎들이 바늘처럼 돋아나는 들판을 상상해 보세요. 따스한 햇살에 녹아내리는 시냇가의 얼음을 떠올려 보세요. 겨우내 얼어 있던 마음은 봄바람에 활짝 열리는 순간 녹아내리게 됩니다. 사람들은 따스한 햇살을 따라 자연스레 들판으로 쏟아져 나오게 되지요.

사람들은 자연의 변화가 어디서 오는지 몰랐습니다. 때문에 흙과 하늘을 숭배할 수밖에 없었습니다. 이러한 행위를 문헌에서는 봄 제사로 기록하고 있습니다. 이 봄 제사 때에는 온갖 악기와 춤이 동원되었고 술이 제공되었습니다. 술은 가을에 걷은 곡식으로 담아 겨우내 따뜻한 실내에서 발효시킨 곡주였습니다. 중국의 재래시장에 가면 요즘에도 볼 수 있는 고량주라는 것이지요.

사람들은 봄 제사 때 바로 이 알코올 농도가 높은 술을 마음껏 마시고, 음악에 맞추어 춤을 춥니다. 남녀가 어울려 질탕하게 노는 시간은 밤늦게까지 이어집니다. 그런 과정에서 젊은 남녀들은 성관계를 갖게 되었습니다. 술이 취한 상태이고 늦은 밤이므로 상대가 누구인지 알 수가 없습니다. 아주 난잡한 상황이 벌어졌지요. 이것을 기록에서는 야합이라고 부릅니다. 들 '야' 자와 합할 '합' 자를 쓰는 것이지요.

야합이란 정치인들이 법을 어기면서 몰래 거래하는 것을 뜻합니다만, 원래는 이런 문화적 배경을 지녔습니다. 어쨌든 공자의 어머니는 이 야합의 과정에서 공자를 임신하게 되었습니다. 아버지에 대해 알 수 없는 것은 당연한 일이겠지요.

이때가 기원전 551년으로 알려져 있습니다. 그 후 공자는 기원전 479년에 죽습니다.(그럼 공자는 몇 살을 산 것일까요? 독자 여러분이 계산해 보세요.)

유교라고 부르지 않고 왜 유가라고 부르나요?

춘추전국 시대 사상가들을 따르는 무리들에게는 일반적으로 집 '가(家)'를 붙입니다. 집 '가'는 무리라는 뜻도 있기 때문이지요.

노자의 사상을 따르는 무리들에게는 노자가 강조한 '도'를 근거로 도가라고 부릅니다. 묵자의 무리는 묵가, 법을 강조한 한비자를 따르는 무리는 법가 등으로 부르지요.

공자의 사상을 따르는 무리들 역시 공자의 출신 성분이 무당이었기 때문에 무당을 의미하는 '유'를 근거로 유가라고 부르게 됩니다. 때문에 유가라는 명칭의 유래는 아주 오래 되었습니다.

중국에서는 아직도 이 유가라는 명칭을 사용합니다. 한국과 일본에서는 유가를 유교라고 부릅니다. 왜냐하면 한국과 일본은 유가 사상을 하나의 종교로 이해하기 때문입니다. 그래서 무리의 뜻을 나타내는 '가'를 버리고 종교의 '교'를 사용하고 있습니다.

★☆넷.

얼굴이 까맣게 타도록 세상을 걱정하던

묵자

춘추전국 시대의 사상가들은 수많은 제자들을 데리고 다녔습니다. 산 따라 물 따라, 그리고 사람 따라 넓디넓은 중원의 여기저기를 우르르 몰려다녔지요. 각 나라의 여러 사람들을 만났기 때문에 세상 돌아가는 것을 잘 알고 있었습니다. 때로는 시비에 휩쓸리기도 하고 때로는 배를 곯기도 했습니다. 하지만 이런 과정 속에서 다양한 체험들을 했고 독특한 정보들을 갖게도 되었습니다.

그때는 신문도 인터넷도 없던 시절이었습니다. 때문에 바깥세상이 궁금했던 귀족들은 이들을 불러들여 먹여 주고 재워 주면서 함께 지내기를 즐겨했습니다. 물론 이들은 밥값으로 바깥세상의 다양한 이야기들을 실감나게 전달했지요.

그런 무리들 중에 유달리 고생을 사서 하는 듯한 사람들이 있었습니다. 이 사람들은 절약을 강조하며 가난한 사람들 돕기를 좋아했습니다. 가뭄으로 때로는 혹한으로 생활이 어려운 농민들의 삶을 깊이 동정했습니다. 이들은 어떻게 하면 농사를 더 잘 지을 수 있을까를 연구했습니다. 그런가 하면 자연 현상을 관찰하면서 어떻게 하면 삶에 효과적으로 이용할 수 있을까를 고민하기도 했습니다. 그런 까닭에 얼음 덩어리를 들여다보면서 돋보기의 원리를 발견하

기도 했습니다.

비바람 속에서의 고행을 통해 이들의 몰골은 엉망으로 변해 갔습니다. 이들을 일컬어 바람으로 빗질하고 빗물로 목욕한다는 속담도 만들어질 정도였습니다. 당연히 옷은 남루했고 얼굴은 새까맣게 탔습니다. 그러면서도 남을 도우려는 열심 때문에 눈빛은 늘 반짝거리고 있었습니다. 하지만 이를 닦는 문화가 성행하지 않았던 때라 이는 늘 거무튀튀했습니다.

이들은 또한 규율이 매우 엄했습니다. 행여나 마음이 약해진 제자들이 달아나지나 않을까 걱정했기 때문이지요. 그래서 행동도 늘 단체로 했습니다. 조폭들처럼. 규율이 얼마나 엄했는지를 보여 주는 일화 두 가지를 소개하겠습니다.

한번은 이들이 전쟁에 참여하게 되었습니다. 그러나 전쟁에서 지게 되자 항복 대신 집단 자살을 택합니다. 기록에 의하면 183명이 모두 성 위에서 자살합니다. 그런가 하면 집단의 우두머리의 아들이 살인을 하자 법도의 엄함을 깨뜨리지 않으려고 우두머리가 자신의 아들을 스스로 처형해 버립니다. 조금 으스스하지요.

이들의 모습과 행동거지가 하도 별난지라 사람들은 그들에게 '묵墨'이란 호칭을 사용했습니다. 묵墨의 한자 글꼴은 검을 흑黑자와 흙 토土로 되어 있습니다. 그러니까 '묵'은 검은 흙이라는 뜻이 되는데, 이건 사실 붓글씨를 쓸 때 사용하는 먹이었습니다.

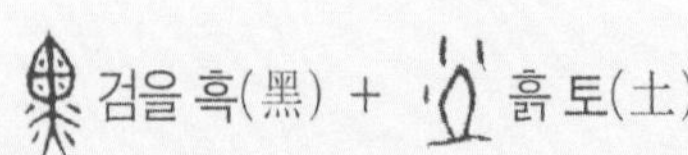

흑黑자의 맨 밑에는 네 개의 점이 있는데 그것은 타오르는 불꽃의 그림입니다. 그 위는 아궁이와 굴뚝의 모습으로 위의 두 점은 그을음을 나타냅니다. 그러니까 흑黑은 검은 그을음을 뜻하게 되지요. 그런데 먹은 바로 이 그을음을 긁어모은 뒤 송진으로 이겨 흙덩어리처럼 만들어 낸 것입니다. 그것을 갈아서 글씨를 쓰게 되지요.

정리해 보면 그들의 별명은 결국 먹 덩어리가 되는 셈이지요. 또 하나, 고대에 '묵'은 범죄자들의 이마에 죄목을 써놓는 형벌이기도 했습니다. 이들이 죄수는 아니었지만 이들을 죄수 집단으로 비웃기 위해 '묵'을 사용한 것으로도 볼 수 있습니다.

여기에 집 '가'가 붙어 묵가가 되었습니다. 우두머리는 당시 집단을 이루며 살던 남자에게 붙여 주던 '자'를 붙여 묵자로 부르게 되었습니다. 사상가 묵자의 이름은 바로 이렇게 탄생한 것입니다.

묵자가 언제 태어나서 언제 죽었는지에 대해선 여러 가지 이야기들이 있지만 정확히 고증된 기록은 없습니다. 문헌들의 내용을 정리하면서 확인할 수 있는 것은 묵자는 공자 이후에 등장했다는 점입니다. 그래서 묵자는 공자와 그의 무리들인 유가들의 모습을 잘 관찰할 수 있었습니다.

묵자는 한때 유가의 교훈을 따르기도 했습니다. 그러나 제사와 주검을 다루는 예절과 절차가 지나치게 번잡하고 재물을 낭비한다는 이유로 신랄하게 비판합니다.

춘추전국 시대의 어지러운 모습은 묵자의 눈에 심하게 거슬렸습니다. 사람끼리 싸우고, 종족끼리 싸우고, 나라끼리 처절하게 싸우는 모습을 보면서 묵자는 그 원인을 생각해 보았습니다. 그리고 이런 판단을 내리게 됩니다.

"나는 이런 혼란이 어디서 시작되었는지를 생각해 보았지. 그 이유는 간단해. 서로 사랑하지 않기 때문이더군."

사실 이런 판단은 누구나 내릴 수 있지요. 또 당연하게 찾아낼 수 있는 이유이기도 하고요. 하지만 너무 당연해서 사람들의 관심에서 오히려 멀어졌는지도 모를 일입니다. 묵자는 바로 이런 점에서 사람들의 사랑이 한쪽으로만 치우쳐 있음을 깨우치려 합니다.

"잘 봐. 자식의 경우 자신만을 아낄 뿐 부모를 사랑하지 않아. 동생의 경우도 자신만을 아낄 뿐 형을 사랑하진 않아. 신하도 마찬가지지. 자신만 사랑할 뿐 임금을 사랑하지 않아."

이런 모습은 지금도 마찬가지 아닐까요? 사람들은 모두 이기심이라는 짐승을 한 마리씩 마음속에서 기르며 살고 있기 때문이지요. 글을 쓰는 나나 책을 읽는 독자 여러분 모두 말이에요. 때문에 우리는 남보다는 나를 중심으로 생각하고 행동하게 마련이지요. 어쨌든 나름의 판단을 내린 묵자는 해결책을 제시합니다.

"서로 사랑하면 모든 문제는 해결된다."

그런데 이건 너무 단순한 해결책 아닌가요? 그런 말은 누가 못해 싶기도 하고요. 그런데 묵자는 서로를 사랑할 때 자신은 희생하면

서 남을 사랑하라고 말하지 않았습니다. 묵자는 자기 자신에 대해서도 애틋하게 생각하지만 타인에 대해서도 배려와 사랑을 전하라고 합니다.

다시 말해 자신과 타인을 동시에 사랑하라는 것이었지요. 묵자는 자신의 이러한 생각을 겸애라고 이름 지었습니다. 겸할 '겸'과 사랑 '애'를 합친 겸애, 그러니까 일방적 사랑이 아닌 서로 사랑을 말한 것이지요.

여기서 사랑을 나타내는 글자 애愛에 대해 조금 살펴볼 필요가 있습니다. 사람들은 이 글자를 그저 '사랑'이라는 말로 해석하지요. 그러나 이 글자는 원래 서로 마음을 주고받는다는 뜻입니다. 사랑보다는 이해라는 뜻이지요.

애愛의 글꼴을 조금 뜯어보세요. 글꼴 가운데 마음 심心이 있습니다. 그리고 위아래의 글꼴은 받을 수受의 모습입니다. 그러니까 서로 마음을 주고받는다는 뜻이지요.

자, 이제 가만히 생각을 이어 봅시다. 결국 묵자가 말하는 겸애는 서로 마음을 주고받는다는 뜻이 됩니다. 이렇게 보면 이름이 묵자, 뭐 이래서 조금 낯설고 한자어를 사용했기 때문에 어색해서 그렇지 충분히 이해할 만한 사상이네요.

兼 겸할 겸　愛 사랑 애

공자, 전쟁, 음악이 세상을 어지럽게 한다

세상의 어수선함을 해결하기 위해 자신의 생각을 펼치던 묵자. 하지만 날카로운 묵자는 자신의 순수한 생각이 잘 먹혀들지 않는다는 사실을 발견하게 됩니다.

"내 말은 옳다. 그런데 왜 내 말이 먹혀들지 않는 걸까?"

유달리 섬세한 관찰력을 가졌던 묵자였는지라 답을 찾는 시간은 길지 않았습니다.

"알겠다. 바로 공자와 유가들이 퍼뜨린 게으름과 허세, 밉살스러운 전쟁, 그리고 말이야. 남들은 잘 모르겠지만 음악 때문에 세상이 이 모양이군."

묵자는 세상 사람 모두가 풍요롭게 살지 못하는 이유를 위의 세 가지라고 주장하게 됩니다. 그는 유가들의 사상과 침략 전쟁, 그리고 음악을 비판하기 위해 먼저 특이한 단어를 만들어 냅니다. 우선 아닐 '비'를 끄집어낸 뒤, 이 비를 유가 '유', 전쟁을 의미하는 공격

'공', 음악 '악'의 글자 앞에 두는 독특한 방법으로 유가들을 비난합니다.

묵자의 사상은 훗날 제자들에 의해 《묵자》라는 책에 담겨 후대에 전해지지요. 그 책에는 묵자의 이 세 가지 비판이 '비유', '비공', '비악'이라는 제목으로 담겨 있습니다.

묵자의 표현은 신랄하기 그지없습니다. 조금의 양보도 없이 날카로운 표현을 펼쳐 보입니다. 묵자의 성난 목소리를 조금 들어 볼까요? 먼저 공자의 사상을 받드는 유가들과의 설전입니다.

"댁들이 즐기는 번거로운 예절에 화려한 의복, 마음을 흩어 놓는 음악과 춤들 때문에 사람들은 마음이 들뜨게 되지. 그리고 댁들이 늘 빼놓지 않고 끼고도는 여자들에게 마음을 빼앗기며 음탕해지는 거지."

"하지만 예의범절이 있어야 사람들의 마음에 질서가 생기지 않겠소?"

"예의범절? 사람이 죽으면 장례를 질질 끌면서 산 사람 진을 빼고, 눈물이 다 말라도 우는 체를 하면서 상가 사람들을 괴롭히는 건 어떻게 하고?"

"그래도 사람은 사람의 도리라는 게 있지 않소. 죽음을 좀 슬퍼해야 하지 않겠소? 그래야 짐승과 다르지."

非 아닐 비 攻 공격 공 樂 음악 악

"사람의 도리? 그래서 댁들은 그렇게 가난한 사람들을 도와라 말만하고 본인들은 정작 고고한 척 살고 있소? 또 일이 터지면 수습은 뒷전이고 원리나 따지면서 빈둥대고 있지 않소."

"어허, 군자의 헤아림을 깨닫지 못하는 소인배로구먼. 일이란 다 순서가 있지."

"그래서 군자는 그렇게 먹는 것만 밝히고 일은 게을리하다가 결국 굶어 죽고 얼어 죽고 마는 거요?"

"무식하고 야만스러운 것들이 어찌 우리 유가의 깊은 뜻을 알겠는고."

"상갓집 뒤치다꺼리나 하면서 먹고사는 것들!"

이처럼 묵자는 공자와 유가들을 위선자로 비웃었습니다. 때문에 공자와 유가의 사상을 떠받들던 조선 시대에 《묵자》는 금서였습니다. 몰래라도 책을 읽을 수 없었습니다. 들키면 귀양을 가든지 사약을 받아야 했기 때문이지요.

묵자는 전쟁을 미워했습니다. 묵자는 전쟁의 피해에 대해 많은 시간을 들여 설명했습니다만, 사실 그가 전쟁을 반대하는 이유는 간단했습니다.

"겨울은 춥고 여름은 더우니 꼭 봄가을에만 전쟁을 벌이게 마련

이지. 그러면 농부들이 농사지을 때를 놓치게 돼. 거기다가 전장에서는 많은 사람들이 죽고 말지. 이 얼마나 손해인가? 이토록 엄청난 전쟁 비용을 긍정적인 곳에 사용할 수 있다면 나라에 얼마나 이득이 되겠소?"

이번에는 조금 엉뚱하게 들리는 묵자의 반음악 사상에 대해 살펴봅시다. 일반적으로 사람들은 음악을 좋아하게 마련이지요. 그런데 묵자는 음악에 대한 반감이 깊었습니다. 뭔가 특별한 이유가 있는 듯합니다.

"여보시오. 묵자. 공자와 유가, 전쟁을 미워하는 것은 이해하겠소. 헌데 음악은 왜 미워하시오?"

"그걸 꼭 설명해야 하나? 지금 백성들은 배를 곯고 추위에 떨고 쉬지도 못하고 있소. 그런데 권세 있는 자들이나 귀족들이 온갖 제례를 펼치면서 청동 종이나 두드려 대고 피리나 불고, 거문고나 뜯고 있으면 밥이 나와 떡이 나와?"

"하지만 음악을 통해 사람들의 마음이 다스려지지 않소? 모두의 심성이 부드러워지면 결국 사회 전체에 평화로운 기운이 돌게 되지 않겠소?"

"말이 좋군. 하지만 내가 음악을 즐기는 사람들을 보니 모두 고

급 가구와 장식품 사이에서 송아지를 지글지글 굽고 있소. 또 높은 누각에 앉아 구운 송아지 고기를 질겅질겅 씹고 있소. 게다가 귀마저 즐겁게 하려고 음악까지 동원하고 있지. 바로 그런 꼬락서니들 때문에 나는 음악을 반대하는 거요."

결국 묵자는 음악 자체를 반대한다기보다는 음악을 즐기는 귀족들의 행태가 미웠던 모양입니다. 어쨌든 묵자의 관심은 백성들이 실제로 배불리 먹고 평안하게 지낼 수 있는가에 있었습니다.

묵자의 신랄한 비판적 태도는 훗날 공자의 사상을 이어받은 맹자로부터 역공을 받게 됩니다. 이 부분에 대해서는 뒤의 맹자 부분에서 자세히 설명하도록 하지요.

★☆ 다섯.

내 털 하나도 뽑아 줄 수 없어,

양자

"내가 털 하나 뽑아서 세상 사람들이 다 잘 살게 된다고 해 보자. 그래도 나는 털 못 뽑아!"

이런 말 하는 사람 좀 심한 사람 아닌가요? 이번에는 얼핏 보기에 속이 좁아 보이는 이 사람을 소개할까 합니다. 이 사람의 이름은 양자입니다.

얼핏 보면 양자는 단순한 이기주의자로 보입니다. 그런데 양자의 주장을 가만히 들어 보면 그가 생각 없는 단순한 이기주의자가 아닐지도 모른다고 생각하게 됩니다. 그의 어색한 외침 속에는 당시 수많은 사람들의 주장과 생각들이 지닌 허점을 지적하려는 의도가 숨어 있음을 알게 됩니다.

양자는 저술을 남기지 않았습니다. 양자의 이야기는 다른 사상가들의 책 여기저기에 남아 있을 뿐입니다. 그 책들을 통해 당시 양자를 비판하는 사람들과 있었던 논쟁을 조금 들어 볼까요?

"양자, 좀 심한 것 아니오? 털 하나도 안 뽑아 주다니."

"털 하나라도 함부로 해서는 안 되지. 내 몸인데. 내 생명인데 말이야."

"그래도 사람이라면 남을 돕고 남과 더불어 살아야 하는 것 아닌가?"

"남을 도와? 이 어지러운 세상에. 다른 성에 한 발만 잘못 들여놓아도 붙잡혀 전쟁판에 끌려가는 마당에 남 생각할 겨를이 어디 있어? 왕들의 욕심 때문에 일어난 전쟁에 끌려가서 죽어 봐. 나만 개죽음이지. 안 그래?"

"그래도 국민의 도리로 때로는 군대에 가야 하고 전쟁에도 참가해야 하지 않나?"

"국민의 도리보다 내 생명이 더 중요해. 너나 가. 난 안 가."

"자네 몸이 그토록 중요한가?"

"난 천하의 어떤 보물이라도 내 정강이 한 토막과 바꿀 수 없어."

"그 이유가 도대체 뭐요?"

"이유? 난 너무 소중하거든."

양자의 자기 애착은 다른 사람들에 대한 배려가 없던 당시 사람들에게조차 낯설게 느껴졌습니다. 그래서 사람들은 양자를 이기주의자로 여기며 눈을 흘겼습니다. 당시의 단어로 이기주의자는 '위아' 라고 했지요. 위할 '위' 와 나 '아' 를 합친 '위아' 가 고대의 이기주의자라는 말입니다.

하지만 양자는 사람들이 자신을 '위아' 로 부르는 것을 못마땅해 했습니다. 그의 이야기를 들어 볼까요?

"나는 '위아' 주의자가 아니야. 나는 그저 '귀기' 하는 사람이야."

"'귀기' ? '위아' 는 알겠는데 '귀기' 는 처음 들어 봐."

"무식하긴. 귀할 '귀' 에 자기 '기' , 그러니까 자기 자신을 귀하게 여기는 사람이라 이거지."

"나를 위한다는 '위아' 나 나 자신을 귀하게 여긴다는 '귀기' 나 그게 그거 아닌가?"

"쯧쯧쯧, 좀 조용히 생각을 해 봐. 같은가 다른가. 저렇게 자기 자신의 생명을 귀한 줄 모르고 사니 삶이 그렇게 고달프지."

爲 위할 위　我 나 아　貴 귀할 귀　己 자기 기

사는 게 뭐 별건가?

이번에는 양자의 말대로 좀 생각해 봅시다. 도대체 양자는 인생을 어떻게 보았기에 그토록 독특한 결론을 내린 것일까요? 양자는 사람이 살면서 괴로워하는 이유는 다음과 같은 네 가지 문제를 고민하기 때문이라고 보았습니다. 장수, 명예, 관직, 돈, 이 네 가지가 사람을 괴롭히는 것이므로 이것들로부터 초탈해 살아야 한다고 주장했지요. 양자의 논리를 들어 봅시다.

"생각해 봐. 좀 더 오래 살려고 발버둥 치니까 더 스트레스가 쌓이지. 그냥 살만큼 살다 죽을 때가 되면 죽으면 돼."

"그래도 건강하게 살다가 죽어야지. 병이 나서 빌빌대다 죽으면 더 괴롭지 않은가?"

"이 사람아, 인생 백 살이라도 잠자는 시간, 고민하는 시간, 아파서 누워 있는 시간, 다 빼고 나면 불과 10여 년 사는 거야. 그러니 즐기면서 살아야지. 그렇지 않아? 다 운명이라는 게 있는 거야."

"그럼, 명예도 있고 관직도 있고 돈도 많으면 더 좋지 않은가? 그것까지 마다할 필요가 뭐 있나?"

"딱하긴. 이 사람아, 주변을 둘러봐. 명예 있는 사람이 몇이나 되나? 또 관직이 높은 사람, 돈이 많은 사람이 몇이나 되는가 보라고."

"그거야 노력하는 사람은 관직도 높아지고 돈도 많아지는 거지. 게으르면 안 되는 거고."

"바로 그거야. 그놈의 노력. 이것 봐. 명예를 얻으려고 발버둥 치느니 그냥 이름 없이 지내. 맘이 편하잖아. 관직, 그까짓 거 잊어버려. 돈? 없으면 냉수 마시고, 있으면 고기 좀 뜯고, 그저 눈앞에 펼쳐지는 대로 살아가면 돼. 다 사람마다 운명이란 게 있다고, 운명이."

결국 양자는 인간의 고통은 무언가를 의도적으로 얻으려 할 때 커진다고 생각했지요. 그러니 각자 자신의 운명에 맞추어서 적당히 즐기고 살아가면 된다는 생각이었던 것입니다.

그래도 썩은 쥐 고기는 안 먹어

이렇게 보면 양자의 말은 마치 거리의 노숙자같이 살아가야 할 것처럼 들리기도 합니다. 하지만 양자는 운명에 따라 즐기며 살 것을 주장하면서도 또 한편으로 용의주도한 면이 있었습니다. 나름의 생각과 행동 기준이 있었지요. 머리가 좋은 게으름뱅이라고나 할까요?

양자는 술과 고기를 당당하게 즐겼습니다. 그러면서 공자와 유가들이 술과 고기를 두고 남의 눈치를 보면서 행동을 합리화하려는 태도를 비웃었습니다. 또 자신의 몸을 혹사하면서까지 남을 도우며 살아가려는 묵자와 그 무리들도 비웃었습니다. 양자는 소신껏 자신의 몸이 원하는 것을 먹었고 즐겼습니다.

그러나 자기 몸을 위한다고 자신이 하고 싶은 모든 것을 가리지 않고 행동으로 옮긴 것은 아닙니다. 즉, 욕망에 자신을 맡긴 채 방종하는 삶을 살지는 않았습니다. 그는 술과 고기를 즐겼지만 또 한편 기름진 고기와 맛 좋은 술에 지나치게 빠지는 것을 철저하게 경계했습니다.

단순한 쾌락주의자라면 이런 것을 탐닉했을 텐데 말입니다. 양자는 분명 술과 고기를 즐겼지만 그것에 빠져들지는 않았습니다. 그런 점에서는 분명 인생을 마음껏 즐겨 보자는 쾌락주의자와는 달랐습니다.

양자의 변론을 더 들어 볼까요?

"술이 좋다고 맛이 간 술도 들이켜진 않아. 또 고기가 좋다고 썩은 쥐 고기를 탐하지도 않아."

"그럼 차라리 술을 끊고 고기도 끊지 그래. 조금 철저한 삶을 살아 보라구."

"이보게. 생명은 소중해. 그리고 눈, 코, 귀, 입은 다 자연만물을 즐기라고 만들어진 거야. 그러니 고기도 술도 당연히 즐겨야지."

"그래서?"

"하지만 이 몸은 한계가 있어. 그 한계를 잘 알아야지. 몸을 위한다고 좋은 술과 고기를 지나치게 즐기면 오히려 몸을 해하는 것이지. 생명을 귀하게 여기는 것이 아니라 죽음에 절하는 격이지."

"그러니까 적절히 절제하라는 건가?"

"이제 조금 말 귀가 트인 모양이군. 하지만 절제에도 타이밍이 있지. 몸이 망가지기 전에 절제를 시작해야 하는 거야. 이걸 '조색'이라고 하지."

"'조색'? 이건 또 무슨 말인가? 자네는 너무 문자를 쓰는 게 탈이야."

"엄살은……. 이건 아주 쉬운 말이야. 일찍 '조'에 아낄 '색'이지. 인색하다고 할 때 쓰는 바로 그 '색'이야."

"오, 그러니까 몸의 신체적 기능에는 한계가 있다. 그러니 즐기기는 즐겨도 몸이 망가지기 전에 일찍부터 잘 절제하고 아껴 쓰라는 말인가?"

"바로 그거야. 그게 바로 내가 말하는 '귀기'이기도 하네."

早 일찍 조　嗇 아낄 색

어떤가요? 양자의 말이 조금 그럴듯하지 않은가요? 절제하며 자기의 생명을 아껴 즐기자는 양자의 주장에 많은 사람들이 동조했습니다. 양자는 걱정 근심은 생명을 손상시키는 것이니 절대로 멀리 해야 한다고 주장했습니다. 때문에 '귀기' 니 '조색' 이니 하는 말들은 당시의 귀족들과 왕들에게 최고의 인기어였습니다. 중원에 또 하나의 천재가 탄생한 것이지요. 귀족들과 왕들은 너도나도 양자나 그 제자들을 초빙해 이야기를 청했습니다. 술과 고기, 재치 있는 이야기와 웃음을 눈치 보지 않고 즐길 수 있다는 양자의 주장에 귀족들은 홀딱 반했습니다.

자연스레 제자들도 많이 생겨났습니다. 제자 중에는 자화자란 인물이 있었습니다. 자화자도 스승인 양자만큼이나 언변이 뛰어났습니다. 자화자가 당시 한나라의 제후 소리후를 만나 걱정 근심을 하지 말아야 하는 이유에 대해 이야기하는 장면이 기록에 남아 있습니다. 한번 들어 볼까요?

"소리후 님, 왜 그리 수심에 싸여 계십니까?"

"근심거리가 조금 있소."

"소리후 님, 제가 한 말씀 여쭙지요."

"말하시오."

"여기 문서가 있습니다. 이 문서는 소리후 님에게 천하를 양도한다는 약정 문서입니다."

"그래서!?"

"단, 만일 이 문서를 왼손으로 잡으시면 오른손을 잘라 버릴 것입니다. 그렇다고 오른손으로 잡으시면 왼손을 잘라 버릴 것입니다. 그러나 어쨌든 이 문서를 쥐기만 하면 천하를 얻으시게 됩니다.

문서를 잡으시겠습니까?"

"음, 난 잡기 싫소."

"그러시겠지요. 결국 두 팔이 천하보다 귀한 것이로군요. 물론 몸은 두 팔보다 귀하겠지요. 그러니 몸은 당연히 천하보다 귀할 것이고요."

"당연한 이야기 아니오? 누가 팔을 잘라 가면서까지 천하를 얻으려 하겠소."

"맞습니다. 그렇다면 이제 가만히 생각해 보십시오. 소리후 님이 다스리시는 한나라는 천하에 비하면 사실 보잘것없는 나라입니다. 그런데 지금 걱정하고 계시는 것은 작은 한나라와도 비교할 수 없는 시시한 것이지요. 천하보다 귀한 몸을 가지신 소리후 님께서 그런 시시한 걱정거리 때문에 천하보다 귀한 그 몸을 상하게 할 필요가 있나요?"

"음, 역시 당신네들은 생각하는 바가 무척이나 독특하구려."

양자와 그 무리들의 주장이 태어난 데에는 분명 이유가 있었습니다. 그들은 공자와 유가들의 사상이 솔직하지도 못하며 이중적이라며 못마땅해했습니다. 또 지나치게 자신을 학대해 가며 다른 사람들만을 위해 살겠다고 외치던 묵자와 그 제자들의 삶도 답답해 보이기는 마찬가지였습니다. 양자의 주장은 이들의 주장 속에서 찾아낸 나름의 해결책이라고 할 수도 있을 것입니다.

모든 사상의 탄생에는 역사적, 문화적 이유가 숨겨져 있는 법이지요. 양자의 사상이 얼핏 보면 극단적인 것처럼 보여도 그 내면에는 나름의 일리가 담겨 있답니다.

★☆ 여섯.

사람의 마음은 태어날 때부터 착하다,

맹자

왜 맹자는 공자의 사상을 이어받았나?

맹자는 공자의 사상을 이어받아 유가의 뼈대를 완성한 사람입니다. 만일 맹자라는 빼어난 논쟁가가 없었다면 공자의 사상은 전국 시대 말기에 흐지부지 사라졌을 것입니다. 왜냐하면 공자가 죽고 나자 제자들이 중원 전역으로 모두 흩어져 버렸기 때문입니다. 제자들은 여기저기서 공자의 학설을 가르쳤습니다. 하지만 주목받을 만한 뛰어난 제자는 많지 않았습니다.

맹자는 공자의 학설을 배우면서 사람들과의 원만한 관계를 의미하는 '인', 옳은 것을 의미하는 '의' 등의 가치관에 매력을 느끼게 됩니다. 당시 맹자의 생각은 아마도 이러했을 것입니다.

"맞아. 사람은 이렇게 살아야 하는 거야. 자연의 흐름을 따라 살아야 한다는 노자의 사상은 굶어죽기 딱 알맞지. 그렇다고 묵자처럼 몸을 혹사하면서 산다고 되는 것도 아니지. 사람은 사람과의 관계를 잘 다스려야 하고 또 옳은 가치를 추구하면서 살아가야 행복할 수 있어."

맹자는 어떤 배경에서 공자의 사상에 빠져들게 된 것일까요? 그

이유를 조금 추적해 볼까요?

공자가 죽고 나서 약 100여 년이 지난 뒤 맹자가 태어났습니다. 맹자는 공자를 직접 보지 못했지요. 공자는 기원전 551년에 태어나서 기원전 479년에 생을 마친 것으로 되어 있으니까요. 그 후 맹자는 기원전 372년에 태어나서 기원전 289년에 생을 마친 것으로 기록은 전하고 있습니다.

맹자가 태어난 고향은 공자가 태어난 곳인 곡부로부터 남쪽으로 불과 22킬로미터 떨어진 곳이었습니다. 당연히 그 일대는 공자를 숭배하고 공자의 사상을 전파하려는 제자들이 많았습니다. 때문에 맹자가 글을 배울 무렵에 만난 스승이 공자의 제자였던 것은 당연해 보입니다.

얼핏 생각하면 마치 맹자가 철이 들고 나서 공자의 사상을 의도적으로 따른 것처럼 볼 수도 있습니다. 그러나 맹자는 글공부를 통해 공자의 사상을 접하게 된 것으로 보는 것이 자연스럽습니다. 맹자가 만난 스승은 공자의 제자인 자사였습니다.

맹자는 자사에게서 공자의 이야기를 전해 듣습니다. 공자가 이야기했던 '인'이며 '의'에 대해 자세히 배우게 되지요.

맹자는 철이 들고 나름의 가치관이 형성되는 과정 속에서 다른 죽간들을 읽게 됩니다. 그리고 사람들을 통해 노자의 '무위자연' 사상이나 묵자의 '겸애' 사상, 공자에 대한 비판 등에 대해 전해 들

었습니다. 그러나 맹자는 공자가 주장하는 가치, 즉 사람과의 원만한 관계를 의미하는 '인'이나 옳은 가치인 '의'를 통해 마음을 다스리는 것이 더 의미 있는 삶이라고 느꼈습니다.

맹자는 '옳은 것'을, 공자는 '어진 것'을 강조

맹자는 기본적으로 공자의 '인'과 '의' 사상을 이어받았습니다. 그러나 그 내용을 들여다보면 맹자는 공자가 발견하지 못한 것을 더 발견하게 됩니다. 강조하는 내용에서도 맹자의 생각은 공자의 그것과 달랐습니다.

서로 주장하는 내용이 어떻게 다른가에 대한 설명과 견해는 학자들마다 다릅니다. 그래서 이 책에서는 유가에서 중요하게 다루는 몇 가지 가치들이 《논어》와 《맹자》에서 어떻게 다루어지는지를 잠시 살펴보려 합니다.

다음의 도표를 보아 주시기 바랍니다.

《논어》와 《맹자》에서 공통적으로 사용하는 글자들

길 '도'	유가들이 추구하는 추상적 가치
옳을 '의'	상식과 사리에 맞는 생각
어질 '인'	사람들과의 원만한 관계, 또는 어진 마음
사람 '인'	사람
사랑 '애'	사랑
유가 '유'	공자와 제자들의 무리

이상의 표현들은 공자와 맹자가 공통적으로 자신들의 생각을 표현하면서 사용한 것들입니다. 기본적으로 같은 가치관을 가지고 있었기에 동일한 글자를 공유하는 것은 당연해 보입니다. 그러나 그 사용 빈도수를 살펴보면 조금 다른 점을 발견하게 됩니다.

《논어》와 《맹자》에서 사용하는 횟수

	도	의	어질 '인'	사람 '인'	애	유
〈논어〉	60	24	109	162	9	2
〈맹자〉	140	108	157	469	40	2

얼핏 보아도 차이가 제법 있습니다. 그런데 《맹자》는 《논어》보다 3배가량 양이 많습니다. 따라서 같은 어휘라도 당연히 《맹자》에서 주장하는 수가 많은 것은 당연하지요. 간단한 계산으로 약 3배 정

도의 수는 자연스런 증가로 볼 수 있습니다. 하지만 다른 어휘에 비해 옳을 '의' 가 상대적으로 많음을 발견할 수 있습니다.

사실 맹자는 '의' 를 강조합니다. 사용한 수도 많지만 강조하는 면도 달랐습니다. 맹자는 공자와 달리 어진 마음만으로 사회가 평화로워지기 힘들다고 생각했습니다. 그보다는 '의' , 다시 말해 사람들 모두가 옳다고 생각하는 가치, 즉 상식이 통해야 사회가 평화로워진다고 보았습니다. 그리고 상식에 기초한 법률과 제도들이 잘 정비되어야 모두가 평화로워질 수 있다고 생각했습니다.

맹자 당시, 각 나라의 왕들은 모두 자기 나라에 이익만 된다면 기름을 지고 불 속이라도 뛰어들 기세였습니다. 살아남기 위해 혈안이 되어 있었습니다. 이런 상황에서 맹자는 이익보다는 사회에서 통용될 수 있는 상식인 '의' 를 생각해 봐야 한다고 역설합니다.

맹자가 양나라의 혜왕을 찾아갔을 때 벌어진 대화의 한 장면을 잠시 들여다봅니다.

"맹자, 어서 오시오. 어떻게 하면 우리 나라가 이익을 얻겠소."

"왜 꼭 그렇게 이익, 이익 하시는지요? 어진 마음도 중요하고 사회에서 통용될 상식, '의' 도 중요합니다."

"그게 그렇게 중요하오?"

"왕께서 어떻게 하면 우리 나라가 이익을 얻을까만 생각하시면 신하들도, 백성들도 모두 이익 얻을 생각만 하게 되겠지요. 그렇게 되면 온 나라가 이익에만 몰두하게 되지요. 그리고 결국은 이익 때문에 모두가 위태로워지게 되는 것입니다."

맹자의 이 말은 당시 왕들이 받아들이기 힘든 것이었습니다. 모두가 이익을 도모하며 자신의 나라를 강하게 만들려고 혈안이 되어 있던 시기였습니다. 그 와중에 어느 누가 홀로 옳은 것을 주장할 수 있을까요?

맹자는 사람이 본래 선하게 태어났다고 주장합니다. 이러한 주장을 성선설이라고 합니다. 이 주장 때문에 사람들은 인간의 본성이 원래 선했는지 악했는지에 대한 토론을 벌이게 됩니다. 말하자면 이 토론을 시작한 사람이 맹자라는 뜻입니다.

성性이란 사람의 마음과 성품을 뜻합니다. 이 글자는 마음 심心(글자의 왼쪽에 올 때는 忄의 꼴)과 날 생生 자로 구성되어 있습니다. 그러니까 사람이 태어나면서부터 지니게 된 마음이라는 뜻이 자연스레 형성됩니다. 때문에 성품 성性이라고 하는 것입니다.

선善은 양 양羊과 입 구口가 합쳐진 글꼴입니다. 원래는 양고기의 맛난 느낌을 나타냈습니다. 그러다가 좋다, 마음에 든다는 뜻이 되었고 다시 선하다, 최고이다 등의 의미로 전환되었습니다.

그러니까 성선설이란 단어는 '인간이 태어나면서부터 지니게 된 성품은 선하다.'는 것을 설명하는 어휘인 셈이지요.

그러면 사람은 정말 선하게 태어날까요? 이 질문에 대해 맹자는 이렇게 설명합니다.

마음 심(心) + 날 생(生) 양 양(羊) + 입 구(口)

"인간은 분명 착한 마음을 가지고 태어났어. 봐. 어린아이가 우물에 막 빠지려는 것을 본다면 모두가 깜짝 놀라겠지. 그리고 걱정하는 마음이 생기겠지. 그런 마음이 없다면 사람이 아니지."

맹자는 우물에 빠지는 아이의 비유를 통해 성선설을 주장합니다. 물론 이 짧은 비유 하나로 인간의 본성이 어떠한지를 다 설명할 수는 없겠지요. 때문에 맹자의 결론은 조금 성급해 보입니다. 그러나 여기서 한 가지 중요한 점은 지금으로부터 2300여 년 전에 이런 주장과 설명을 최초로 한 사람이 맹자라는 사실입니다.

여기서 잠깐, 맹자의 성선설을 이야기할 때 빼놓을 수 없는 사람을 소개해야겠습니다. 역시 유가에 속하는 순자라는 사람입니다. 순자는 맹자와 반대로 성악설을 주장합니다.

인간의 성품은 날 때부터 악하다는 뜻이지요. 맹자의 성선설과 순자의 성악설을 두고 동양 사람들은 오래도록 논쟁하게 됩니다. 그리고 이런 논쟁은 동양 사회에서 또 다른 논란과 철학을 낳는 원인이 되었습니다.

性善說 성선설

사람의 마음속에 있는 네 가지 마음

어쨌든 맹자는 사람의 본성이 선하다고 주장하면서, 사람의 마음속에는 '인', '의', '예', '지'의 네 가지 특성이 들어 있다고 생각했습니다. 맹자는 이 네 가지 특성을 통해 사람의 본성이 원래부터 선함을 증명할 수 있다고 주장했습니다. 이 네 가지에 대해 조금 알아보겠습니다.

'인'은 공자로부터 이어지는 사람과의 원만한 관계를 말하는 어질 '인'입니다. 맹자는 특히 이 '인'은 다른 사람의 불행을 측은하게 여기게 되는 마음의 근원이라고 설명합니다.

'의'는 옳을 '의'입니다. 이것은 앞서 언급한 것처럼 사회에서 통용되는 상식입니다. 또 잘못했을 때 부끄러움을 느끼게 되는 마음의 근원이라고 보았습니다.

'예'는 예의범절 할 때의 '예'입니다. 다른 사람에게 사양도 하고 양보도 하고 싶은 마음이 비롯되는 근원이라고 보았습니다.

'지'는 지혜 '지'입니다. 옳고 그른 것을 판단하는 마음의 근원이라고 보았습니다.

사람의 마음에 존재한다고 맹자가 생각한 이 네 가지 마음 이야기를 사람들은 사단설이라고 부릅니다.

仁 어질 인 義 옳을 의 禮 예의 예 智 지혜 지

'사'는 넷을 뜻하는 숫자입니다. '단'은 어떤 사물의 맨 끝 부분을 의미합니다. 여기서는 하나의 아이콘, 즉 건드리면 감추어진 이야기와 정보들을 쏟아 내는 아이콘을 의미한다고 볼 수 있습니다. 그러니까 사단설이란 인간의 마음속에 숨겨져 있는 네 가지 마음, 즉 사람과의 원만한 관계를 원하는 '인', 사회에서 통용되는 상식인 '의', 양보하는 마음인 '예', 옳고 그른 것을 판단하는 지혜인 '지'에 대한 설명입니다.

맹자가 만든 고사성어들

맹자는 뛰어난 이야기꾼이었습니다. 그는 사람들의 마음을 포착할 수 있었고 그것을 말과 글로 묘사할 수 있었습니다. 눈으로 보이지 않는 것이 마음입니다. 그런데 맹자는 그것을 이야기와 비유를 통해 그림을 그리듯 풀어낼 수 있었던 것이지요.

춘추전국 시대에서 맹자는 장자와 함께 가장 뛰어난 이야기꾼으로 평가되고 있습니다. 장자와 다른 점이 있다면 장자는 이야기로 노자의 사상을 풀어냈고 맹자는 공자의 사상을 펼쳐냈다는 점입니다.

四 넉사 端 끝단 說 설명할 설

《맹자》에는 수많은 이야기와 고사성어들이 보입니다. 그중에서 대표적인 두 가지를 들어 봅니다.

◎ 오십보백보

"내가 불쌍한 백성들을 구제하면서 정치를 잘했는데 우리나라로 사람들이 몰려들지 않으니 이건 어찌된 일이오?"

"왕께서 전쟁을 좋아하시니 전쟁을 비유로 설명하지요."

"그러시구려."

"북이 둥둥 울리고 칼날이 부딪치기 시작하면 두려워서 갑옷을 벗어 던지고 무기를 질질 끌면서 달아나는 사람들이 생기게 마련이지요."

"항상 그런 녀석들이 있지."

"그런데 어떤 사람은 백 발자국을 내뺐고 어떤 사람은 겨우 오십

발자국을 내뺄 수 있었습니다. 이때 오십 보를 달아난 사람이 백 보를 달아난 사람을 비웃는다면 어떻겠습니까?"

"허허, 그건 말이 안 되지. 오십 보나 백 보나 도망친 것은 마찬가지 아니오."

"바로 그겁니다. 왕이 다른 왕보다 잘했다고 생각하지만 크게 보아 차이가 없는 것입니다."

"……."

◎ 인자무적

당시의 왕들이 가장 두려워한 것은 다른 나라의 침공이었습니다. 즉, 적이었습니다. 이 문제를 두고 전전긍긍하던 왕들에게 맹자는 어진 마음, 다른 사람과의 원만한 관계에 대해 강조하게 됩니다. 이런 맹자를 왕들은 당연히 탐탁해하지 않게 됩니다.

그러자 맹자가 던진 말이 바로 이 인자무적입니다. 글자를 하나씩 뜯어볼까요?

첫째는 어질 '인', 또는 다른 사람들과의 원만한 관계 '인' 입니다. 그리고 사람 '자', 그러니까 이 두 글자는 사람들과의 원만한 관계를 지닌 사람을 의미하게 됩니다. 없을 '무', 적 '적' 의 조합은 적이 없다의 뜻이 됩니다.

자, 이제 각각의 의미를 알았으니 네 글자의 의미를 번역해 볼까

仁 어질 인 者 사람 자 無 없을 무 敵 적 적

요? 바로 이런 뜻이 됩니다.

"사람들과 원만한 관계를 지닌 사람은 적이 없다."

당시 맹자는 왕들이 서로를 두려워하고 있음을 알고 있었습니다. 때문에 왕들이 어진 마음으로 사람들과의 관계와 다른 왕들과의 관계를 원만히 해야 한다고 조언했습니다. 그렇게 하면 적대 관계가 생기지 않을 것이기 때문입니다. 그리고 결과적으로는 나라들과의 관계가 평화로워질 것이라고 믿었던 때문입니다.

묵자와 양자는 용서할 수 없어

《논어》에는 공자가 자신의 견해를 표현하면서 다른 사람을 격하게 비판한 내용은 보이지 않습니다. 아마도 공자 당시에는 첨예하게 부딪치는 다른 사상가가 없었기 때문일 것입니다. 맹자는 자신의 생각을 펼쳐가면서 다른 사상가들을 매몰차게 비판했습니다. 이런 이유로 사람들은 공자가 맹자보다 더 원만한 인격을 지녔다고 말하

기도 합니다. 하지만 사실은 조금 다르게 볼 수 있습니다. 왜냐하면 맹자가 활약하던 전국 시대에는 공자가 활약하던 춘추 시대에 없던 기라성 같은 논변가들과 사상가들이 등장했기 때문이지요.

맹자와 가장 첨예하게 부딪친 인물은 묵자와 양자였습니다. 때문에 《맹자》 책 곳곳에서 맹자가 묵자와 양자의 주장을 날카롭게 비판하는 내용들을 쉽게 볼 수 있습니다.

맹자는 왜 묵자와 양자를 그토록 날카롭게 비판했을까요? 여기에는 물론 묵자가 먼저 시비를 걸었기 때문이기도 하지요. 묵자와 양자 부분에서 유가와의 좋지 못한 사이에 대해 설명을 했습니다만, 당시의 상황을 관찰했던 사상 평론가 회남자는 그때의 상황을 이렇게 전하고 있습니다. 《회남자》라는 책의 몇 구절입니다.

"비단 줄 현악기를 뜯으며 노래하고 북 소리에 춤을 추며 굿을 하는 사람들이 있다. 그 사람들은 어른들에게 정성껏 시중을 든다. 그런가 하면 굽실굽실 깊숙이 절을 하면서 예를 배운다. 또 장례를 거창하게 진행하는데 오래도록 곡을 하고 문상을 받는다. 이들은 죽음을 소중하게 다루는 사람들이다. 이들의 습속은 모두 공자가 만들어놓은 것이다. 그런데 이를 묵자가 비난했다."

"생명을 소중히 다루고 참된 것을 보존하려고 한 사람이 있다.

이 사람은 환경과 물질의 순환을 생각하고 자신의 몸을 괴롭히지 않는다는 사상을 주장했다. 이런 행동을 한 사람은 양자이다. 그런데 맹자가 이를 비난했다."

전체를 놓고 볼 때 맹자가 왜 묵자와 양자를 비난했는지의 이유를 알 수 있습니다. 묵자에 대한 비난은 묵자가 자신이 스승으로 삼은 공자를 비웃은 사람이었기 때문이었습니다. 양자의 경우는, 맹자가 보기에 자신만을 돌보는 이기주의자로 비쳤기 때문이었습니다.

맹자는 정말 어머니를 따라 세 번 이사를 했을까요?

맹자에 관한 이야기 중에 가장 유명한 것은 아마도 맹모삼천지교일 것입니다.

맹모 두 글자는 맹자 '맹', 어머니 '모', 그러니까 맹자의 어머니라는 뜻이 됩니다. 석 '삼', 이사할 '천', 이 두 글자는 세 번 이사하다의 뜻입니다. 갈 '지'는 '……의' 또는 '……한'의 뜻입니다. 가르칠 '교'는 교육 '교'라고도 읽습니다. 따라서 글의 전체의 뜻은 '맹자 어머니가 세 번 이사한 교훈'이 됩니다.

맹모삼천지교는 유가들이 교육의 중요성을 강조하기 위해 만들어낸 이야기지요. 내용을 좀 들어 볼까요?

맨 처음 맹자가 살던 곳이 시장 근처여서 맹자는 매일 장사꾼 흉내만 냈습니다. 그러자 어머니는 이사를 가게 됩니다. 맹자 어머니가 맹자를 데리고 두 번째로 간 곳은 무덤가였습니다. 그러자 맹자는 매일 상여꾼들 흉내를 내면서 놀았습니다. 그러자 어머니는 다시 서당 근처로 이사를 갔습니다. 서당 근처로 이사를 간 맹자는 글공부 흉내를 내면서 놀게 되었고 어머니는 만족해했다는 이야기입니다.

이 이야기를 가만히 들여다보면 몇 가지 이상한 점을 발견하게 됩니다. 첫째는 맹자 어머니가 장사꾼을 싫어했다는 점입니다. 상업이 나쁜 직종이 아니지만 맹자 어머니는 그렇게 생각했습니다. 사실 이것은 유가들이 상인들을 천시했기 때문에 만들어진 결과입니다. 유가들은 선비, 농민, 공업 기술자 다음으로 상인을 놓습니다. 가장 천시하는 직종이지요.

또 하나 재미있는 것은 맹자 어머니가 자꾸 실수를 한다는 점이지요. 그토록 아들 교육에 관심이 많았다면 이사 갈 곳을 면밀히 살핀 뒤에 이사를 했어야 하니까요.

맹자를 둘러싸고 교육에 관련한 이야기가 나오는 것은 공자나 유가들이 문자 기록을 중요하게 여겼고, 그 기록들의 전수에 공을 기울였기 때문인 듯합니다. 공자와 그 제자들과 마찬가지로 맹자 역시 문자 기록

을 중요시하고 학습에 관심이 많았던 사람이었지요.

맹자는 역사에도 관심이 많았습니다. 변론을 펼칠 때면 다양한 역사적 사례를 들어 자신의 논지를 펼치기도 했습니다. 공부를 소홀히 했다면 있을 수 없는 일들이지요. 바로 이런 이유 때문에 교육과 관련한 이야기들이 흘러나온 듯도 합니다.

《맹자》가 《논어》보다 세 배 두꺼운 이유

맹자의 사상은 《맹자》라는 책에 기록되어 전해집니다. 공자의 사상이 《논어》에 실려 전해지듯이.

그런데 《맹자》는 《논어》에 비해 3배가량이나 두껍습니다. 내용이 많다는 뜻이지요. 《논어》의 글자 수는 모두 1만 2700자, 《맹자》의 글자 수는 3만 4685자입니다. 글자 수로만 보면 약 3배 많지요. 왜 그럴까요? 맹자가 공자보다 더 수다형이기 때문일까요? 아니면 아는 게 더 많아서일까요?

맹자가 공자보다 수다형인 것만은 사실입니다. 많은 학자들이 동의하듯이 맹자는 뛰어난 논쟁가입니다. 때문에 말을 더 많이 할 수밖에 없었을 것입니다. 하지만 내용을 들여다보면 꼭 그 이유 때문만은 아님을 알게 됩니다.

글자 수의 차이가 이렇듯 많이 나는 가장 큰 이유는 공자가 활동하던 시기인 춘추 시대에 비해 맹자가 활동하던 시기인 전국 시대에는 한자의 어휘 수가 보다 풍부해졌기 때문입니다. 공자와 맹자가 활동했던 시기의 차이가 불과 약 100여 년 밖에 안 되지만 두 시대의 언어는 다양성에 있어서 커다란 차이를 보이고 있습니다.

공자가 중원을 여행하던 시기의 한자 어휘는 극히 제한되어 있었습니다. 때문에 문장 표현 역시 짧고 간결했습니다. 이 점이 《논어》 속의 표현을 짧게 만든 가장 근본적인 이유라고 볼 수 있습니다. 어휘가 풍부하지 못했고 문장이 짧았다는 말은 그 당시 사람들의 언어생활 역시 간

결했음을 보여 줍니다.

휴대폰으로 종일 떠들어야 하는 요즘 독자들은 상상이 잘 안 될 것입니다. 그러나 그 옛날에는 표현이 더디고 다양하지 못했습니다. 물론 인구도 많지 않고 급한 상황도 많지 않은 시대였습니다. 때문에 모두가 그런 환경을 자연스럽게 받아들이고 있었습니다.

이런 상황이 맹자가 속해 있던 전국 시대에 접어들면서 크게 바뀌게 됩니다. 전쟁 때문에 생각이 복잡하게 되고 장사 때문에 각 지역 사람들의 삶이 뒤엉기면서 어휘들이 풍부해지기 시작했습니다.

서로 다른 지역의 관습이나 토산품, 삶의 방법은 제각기 달랐습니다. 따라서 그 내용들을 서로 소상하게 전달하기 위해서는 보다 많은 어휘가 필요했습니다. 또 내용을 정확하게 전달하고자 하는 과정에서 문장은 좀 더 길어졌습니다. 표현도 설명조로 바뀌게 되었습니다. 이러한 상황이 잘 반영된 것이 《맹자》라는 책입니다.

이러한 문화 환경 속에서 맹자는 자신의 언어적 재능을 마음껏 펼치게 됩니다. 때문에 《맹자》는 한 편의 훌륭한 동양적 논술서로 볼 수도 있습니다. 다양한 비유와 반전, 매끄러운 논리적 흐름과 강한 주장 등 논술이 갖추어야 할 기본적 요소들을 잘 갖추고 있습니다.

때문에 한문을 공부하거나 동양의 사상을 연구하는 사람들은 춘추전국 시대의 많은 책들 중에서 《맹자》를 기본서로 꼽습니다. 나도 한문의 독해력이나 문장력을 높이고자 하는 대학원 학생들에게 먼저 추천하는 책입니다.

★☆ 일곱.

나무, 불, 흙, 쇠, 물의 비밀을 캔다

추연

전국 시대 말기인 기원전 305년경, 제나라에 한 사람이 태어났습니다. 그의 이름은 추연이었습니다. 추연은 동양사상의 도드라진 특징으로 손꼽히고 있는 음양오행설을 만들어 낸 사람입니다. 그럼 우선 추연이 태어난 곳의 문화적 특성부터 살펴볼까요?

음양오행설의 근본적인 탄생을 잘 이해하기 위해서는 추연의 생각이 어떠했는가를 살펴볼 필요가 있기 때문입니다. 그리고 추연의 생각을 제대로 이해하기 위해서는 추연이 태어난 곳의 문화적 특성을 이해하는 것이 도움이 되기 때문입니다.

제나라는 지금의 산둥 지역입니다. 한때는 동이족의 근거지였던 이곳은 삼면이 바다로 둘러싸인 반도입니다. 때문에 산둥 반도라고도 부릅니다. 그런데 이 지역 사람들은 예로부터 허풍이 센 것으로 소문이 자자합니다. 내가 직접 만나 본 경험으로도 느낄 수 있지만 고대의 문헌들도 그러한 내용을 전하고 있습니다.

맨 처음 제나라 사람들이 허풍이 세다는 것을 구체적으로 기록한 책은 《한서지리지》입니다. 여러 지역의 문화와 풍습을 소개한 책이지요.

"이 지역 사람들은 허풍스럽고 과장이 심하다. 또 끼리끼리 뭉치는 파당적 행동이 특징이며 말과 행동이 늘 어긋난다. 허황되고 근거 없는 이야기를 떠들어 대는 것이 단점이다."

이런 환경에서 자란 추연의 성품은 어떠했을까요? 추연의 성품에 관한 기록은 불행히도 보이지 않습니다. 하지만 추연의 사상에 대한 기록을 통해 조금은 그 모습을 엿볼 수도 있습니다. 추연의 주장을 읽고 그것에 대해 자세히 평가해 둔 사람은 역사가 사마천이었습니다.

사마천은 《사기》라는 역사책을 저술한 중국 최고의 역사가이지요. 어려서는 학문이 높은 아버지로부터 기초 교육을 받았습니다. 10여 세가 되는 해부터는 황제의 스승으로 있던 동중서로부터 영재 교육을 받았습니다. 성장해서는 중국 전역을 한 발 한 발 답사하면서 책에서 배운 것을 확인했던 사마천이었습니다. 때문에 사마천은 사람이건 사건이건 언제나 사실에 근거해서 평을 했습니다. 그러면 이번에는 추연에 대한 사마천의 이야기를 한번 들어 볼까요?

"추연은 음과 양의 기운이 서로 작용하면서 오묘한 우주의 변화를 낳는다고 말했다. 그의 말은 지나치게 거대하고 황당하여 놀란 마음이 가라앉지 않는다. …… 추연은 각 시대가 어떻게 흥하고 망하는지에 대해 살폈다. 그러고는 자기 나름의 판단을 근거로 그 이유들을 추측해 냈다. 그런데 그는 하늘과 땅이 처음 시작되기 전의 시기, 즉 아무도 알 수 없는 시간대까지 추론해 내려고 했다. 사실 확인이 불가능한 영역까지 말이다.

추연은 중국의 커다란 산, 깊은 계곡, 새와 물고기, 각종 동물 등을 열거하면서 그 생물들의 모습과 상황을 근거로 스스로 가 본 일도 없는 먼 해외의 일까지 분석해 내려 했다."

또 추연은 당시 사람들이 천하의 중심이라고 생각하던 중국이 사실은 온 천하의 81분의 1에 불과하다고 주장하기도 했습니다. 전 세계에는 중국 같은 지역이 모두 아홉 덩어리가 있으며 그 덩어리들 사이에는 바다가 있어서 서로의 존재를 알 수 없다고 주장하기도 했습니다.

독자 여러분들은 추연의 주장을 통해 왜 제나라 사람들을 허풍이 심한 사람들로 묘사하는지를 짐작할 수 있을 것입니다. 추연의 주장은 오늘날 보기에 황당하고 우스꽝스러운 것이 사실입니다. 하지만 중요한 것은 추연의 주장이 당시 사람들에게는 심각하게 받아들여졌다는 사실입니다. 과학이 발달되지 않았던 시대를 고려한다면 충분히 이해할 수 있는 현상이지요.

사마천은 추연의 주장이 대단히 황당하다는 점을 간단하게 지적해 내고 있습니다. 사마천이 이런 결론을 내릴 수 있었던 이유는 과학적 지식이 충분했기 때문이 아니었습니다. 사마천은 실제로 중국 전역을 여행하며 얻은 현장 경험과 지식을 많이 지녔던 사람이었기 때문입니다. 결국 사마천은 상식 선에서 추연을 판단했습니다.

우주가 태어나기 전부터의 상황을 한 사람이 추측으로 다 알아낼 수 없음을 사마천은 짚어 내고 있는 것이지요. 더구나 산, 계곡,

짐승 등의 모습만을 가지고 천하의 모든 일과 해외의 일까지 알아낼 수 있다는 주장에 대해서도 믿지 못하겠다는 감정을 솔직히 드러내고 있습니다. 사마천의 이야기가 이어집니다.

"추연은 하늘과 땅이 처음 열린 이후 우주에는 다섯 가지 물질과 관련된 기운이 돌아가면서 나타나고 있다고 주장한다. 그 다섯 가지 물질은 흙, 나무, 쇠, 불, 물이다."

결국 추연의 주장은 상상력의 결과물이었습니다. 여기서 추연의 주장이 옳고 그름을 굳이 논할 필요는 없어 보입니다. 개인의 상상력의 문제이니까요. 사실 음양오행설은 추연이 상상해 낸 우주에 대한 전면적이고도 체계적인 설명이었으니까요.

이제 그 내용이 무엇인가를 한번 살펴볼까요?

고대로부터 사람들은 우주가 질서정연하게 움직이는 것을 느끼며 신비하게 생각했습니다. 또 만물의 변화가 다양하지만 어떤 원칙의 지배를 받는 듯한 느낌을 받았습니다. 추연 역시 이러한 상황에 주목하게 되었습니다. 그러고는 나름의 해석을 하게 됩니다. 그것이 바로 음양오행설입니다.

추연이 맨 처음 만들어 낸 음양오행설의 내용은 매우 단순합니다. 음양과 관련한 추연의 생각은 이렇습니다.

먼저 '음'은 햇살이 들지 않는 음지나 그와 관련한 기운을 뜻합니다. '양'은 햇살 또는 햇살과 관련한 기운을 뜻합니다. 추연의 생각에 따르면 우주는 이 '음'과 '양'의 두 기운이 엉겨서 형성된 존재입니다.

독자 여러분들이 과학 지식을 떠올리면서 복잡하게 생각할 필요는 없습니다. 이건 그저 2300여 년 전 한 산둥 남자의 상상이었을 뿐이니까요. 어쨌든 추연은 음과 양이 엉겨서 만들어진 우주에는 다섯 가지 기본 물질이 있다고 생각했습니다. 이 말은 추연이 다섯 가지 물질을 우주의 기본 물질로 보았다고 생각해도 무방합니다.

추연은 이 다섯 가지 물질이 흙, 나무, 쇠, 불, 물이라고 생각했습니다. 그는 이 다섯 가지 물질과 관련된 기운이 역사 속에서 차례로 나타나고 있다고 주장했습니다. 다시 말해 역사 속에서 등장했다 사라지는 나라들을 살펴보면 바로 이 다섯 가지 물질의 기운이 순서대로 나타나고 있음을 알 수 있다고 주장했습니다.

추연은 자신의 이런 주장을 증명하기 위해 먼 고대의 역사로부터 당시 전국 시대에 등장하는 나라들을 흙, 나무, 쇠, 불, 물의 성질과 비교하게 됩니다. 물론 추연의 설명은 대단히 주관적이었습니다. 따라서 동의를 하기도 애매하고 반박을 하기도 애매했습니다. 때문에 많은 논란이 일었지요.

어쨌든 추연의 이런 주장을 음양오행설이라고 합니다. 음양이

陰 음지 음 陽 양지 양

무엇을 뜻하는 단어인가는 앞서 설명했습니다. 오행이란 다섯 '오'와 행할 '행'을 합친 단어입니다. 따라서 오행은 다섯 가지 물질이 운행되고 있다는 뜻입니다.

결국 음양오행설이란 우리들의 삶을 감싼 이 우주가 어두움과 밝음의 기운, 그리고 다섯 가지 물질의 기운에 의해 운행되고 있다는 주장입니다. 따라서 사람들은 이 음양과 오행이 운행되는 흐름을 따라 살아가야 한다는 것이 추연의 생각이었습니다.

추연의 음양오행설은 전국 시대 말기는 물론이고 진나라의 진시황에게도 깊은 영향을 주었습니다. 또 진나라에 이어 등장한 한나라에서는 이 음양오행설을 정치적으로 활용하게 됩니다. 그 이유는 잠시 뒤에 설명하겠지만 음양오행설이 일상의 생활과 연결되면서 사람들의 마음을 사로잡았기 때문이었습니다.

착한 사람을 얻으려면 강물 맛을 바꾸어라

당시 음양오행설이라는 새로운 주장을 제기해 사람들의 주목을 끈 추연의 이론은 후대의 추종자들에 의해 점점 다양한 의미로 확대되

五 다섯 오 行 행할 행

고 변형되어 갑니다. 음양오행가들은 흙, 나무, 쇠, 불, 물의 다섯 가지 중에서 물을 가장 중요한 것으로 생각했습니다. 《관자》라는 책에 전해지는 음양오행가들의 말을 조금 들어 볼까요?

"왜 물이 중요한가?"

"인간 자체가 물이기 때문이지."

"무슨 뜻인가?"

"남녀의 성관계를 생각해 보게. 남성으로부터 나온 물이 여성의 몸에 고이면 사람이 만들어지지. 그리고 사람이 만들어질 때 아홉 개의 구멍이 생기게 되지. 아홉이란 완전한 숫자지. 결국 사람은 완전무결한 존재로 만들어진 거야. 앞뒤를 가만히 살펴보게. 결국 물이 그 완전무결한 존재를 만드는 것이지. 그러니 물이 가장 중요할 수밖에."

당시의 과학적 상식으로 정자와 난자를 이해할 수 없었던 음양오행가들은 정액을 단순히 물로 보았습니다. 생식의 과정이 밝혀지지 않은 시대이니만큼 추연의 설명은 나름대로 이해할 수도 있지요. 이야기를 좀 더 들어 볼까요?

"그래서 물이 사람들의 성품도 좌우한다고 주장하는 건가?"

“모든 만물은 물을 의지하게 되어 있지. 그리고 물에는 저마다 성격이 있어. 사람들의 성품은 그 성격을 닮아 가게 마련이지.”

“물에 성격이 있다? 예를 들어 설명해 보게.”

“내가 사는 제나라 지역의 물은 흐름이 빠르네. 소용돌이도 많고. 때문에 사람들이 탐욕스럽고 거칠지. 물론 용감하긴 하지만.”

“그럼 남쪽 초나라는?”

“초나라의 물은 깊지 않고 맑은 것이 특징이지. 그래서 사람들이 어딘가 경박스럽고 요사스럽기까지 하지.”

“글쎄, 그럼 월나라는?”

“흠, 보게. 월나라 사람들은 유달리 미련하고, 질투심도 많고 몸

들도 더럽지? 그건 월나라의 물이 탁하고 텁텁해서 그래."

"그래? 그럼 서쪽의 진나라는?"

"진나라의 물은 좀 달짝지근하지. 물도 고여 있는 것이 많고 그래서 물이 어딘가 잡스럽지."

"물이 잡스럽다? 이건 진짜 이해하기 힘든데……."

"따지기는…… 어쨌든 그런 이유로 사람들은 욕심꾸러기들이지. 사납고 무식하고 게다가 수습도 못할 일들을 벌여 놓기 좋아하고……."

"그래 좋소. 그럼 당신의 주장은 물을 바꾸면 사람들이 다 착해진다는 것인가?"

"바로 지적했네. 물을 깨끗이 하면 인심들이 좋아지고, 물을 맑게 하면 민심이 평온해지게 되어 있지."

위의 대화를 읽어 내려 오면서 독자들도 느꼈을 것입니다. 예, 추연을 비롯한 음양오행가들은 무척 주관적인 사람들이었습니다. 마치 귀에 걸면 귀걸이 코에 걸면 코걸이처럼 물과 사람들의 마음을 연결해 설명했습니다. 증명할 방법이 없는 내용의 인과관계를 현란한 수식어로 설명하는 것이지요. 그런데 여기서 하나 확인할 수 있는 것은 추연이나 음양오행가들의 뛰어난 관찰력과 말솜씨입니다.

추연의 음양오행설이 등장한 이후, 음양오행가들은 각 지역 사

람들의 특성을 관찰하기도 했습니다. 그들은 음양오행설로 서로 다른 지역의 사람들이 왜 각자 독특한 성품을 지니게 되는지를 설명하고 싶었습니다. 그 이유를 캐들어 가던 중 각 지역의 물을 끌어들이게 되었던 것이지요.

나도 중국의 각 지역을 많이 여행해 보았지만 각 지역마다 산과 골짜기의 특성으로 인해 다양한 물줄기가 형성되어 있음을 보게 됩니다. 또 남북 지역의 기온 차이로 물의 성질과 맛이 달라지기도 하지요. 어쨌든 추연의 음양오행설은 기본적으로 황당한 것이었습니다. 하지만 검증이 쉽지 않고 또 거창했기 때문에 뭐라고 딱 반박을 하기가 쉽지 않았습니다.

때문에 당시의 제후들은 앞을 다투어 추연을 모셨습니다. 심지어 추연의 제자가 되겠다고 나선 제후들도 있었을 정도였으니 전국시대 당시 추연의 영향력을 짐작할 수 있습니다.

음양오행설은 왜 살아남게 되었나?

현대의 과학 상식을 지닌 사람이라면 추연의 음양오행설을 보면서 그것이 무척이나 기발한 상상력에서 출발하였음을 알게 됩니다. 하지만 전국 시대를 사는 사람들에겐 하나의 신비로운 세계로 다가왔습니다. 때문에 추연의 음양오행설은 당시 귀족들과 제후들 사이에 명성이 높았습니다. 그러면 구체적으로 어떤 이유에서 추연의 음양오행설이 귀족들과 제후들에게 신비롭게 보였을까요? 그 이유는 두 가지였습니다.

하나는 추연이 음양오행설을 근거로 제후들의 운세를 설명했기 때문입니다. 귀족들과 제후들은 정치적으로 자신들의 권력이 얼마나 지속될 수 있을지 늘 불안했습니다. 이런 불안한 심리 상태에서 흙, 나무, 쇠, 불, 물의 기운이 움직이는 순서에 따라 정치적 힘이 교체된다는 주장을 들으니 마음이 흔들리지 않을 수 없었습니다.

만일 제후 자신의 정치적 특징이 나무의 기운을 지닌 것이라면 쇠의 기운을 지닌 다른 정치 세력에 의해 대체된다는 식이지요. 쇠는 나무를 꺾을 수 있으니까요. 따라서 이런 정황을 미리 파악해 부족한 쇠의 기운을 보완하면 정치적 변동을 막을 수 있다는 설명이 가능해집니다. 앞날을 예측하고 미리 예방책까지 준비할 수 있다니 기막힌 이론이 아닐 수 없지요. 이런 이유로 제후들은 추연의 음양오행설에 깊이 빠져들었습니다. 당연히 사회적 파장과 영향력은 커졌지요.

또 다른 이유는 추연이 죽고 난 뒤에 형성되었습니다. 기발한 상

상력의 사나이 추연이 죽었습니다. 그러자 음양오행설은 산둥 반도에 있던 제나라와 산둥 반도 북쪽 지역에 있던 연나라로 흘러들어갔습니다. 당시 제나라는 우리나라의 황해에 맞닿아 있었습니다. 연나라는 발해에 연결되어 있었습니다. 즉, 제나라와 연나라는 해변을 끼고 문화를 발전시키고 있었습니다.

해변을 끼고 있던 제나라와 연나라에는 수많은 미신들이 있었습니다. 늘 일기가 불순하고 예측하기 힘든 사고가 잦은 해안 지역은 예로부터 독특한 미신과 터부 등에 근거한 무속 문화가 발달하게 마련이었습니다. 그리고 이 무속 문화들은 이른바 도사들이 주도하고 있었습니다. 사마천의 《사기》는 이들이 도술, 혼백, 신선, 귀신 등에 빠져 있던 사람들이라는 점을 밝혀 두고 있습니다.

이런 문화 속에서 살던 도사들이 추연의 음양오행설을 전해 듣게 됩니다. 그들은 추연의 음양오행설에 자신들이 갖고 있는 터부와 미신적 습속들을 섞어, 보다 신비로운 주술적 이론들을 만들어 냈습니다.

즉, 음양오행설과 도술을 섞은 이론이 탄생한 것입니다. 새로운 이론을 만들어 낸 이 도사들은 자신들의 미래를 궁금해하던 귀족들과 제후들에게 점을 쳐 주기 시작했습니다. 그 과정 속에서 그들은 귀족들과 제후들이 좋아할 만한 이야기들을 꾸며 들려주었습니다. 그리고는 교묘한 방법으로 돈과 권력을 끌어들여 자신들의 영향력

을 더욱 강화시켰습니다. 《사기》는 이들의 이러한 행동을 두고 아첨과 아부를 일삼았다고 표현하고 있습니다.

정치적 세력가들과 주술적 힘의 결합으로 음양오행설은 강력한 힘을 얻으며 민간으로 스며들었습니다. 이런 문화적 특성 속에서 사람들은 주변의 모든 환경들과 자연 현상들을 모두 음양오행설로 설명해 가기 시작했습니다.

예를 들면 맛은 짠맛, 쓴맛, 신맛, 매운맛, 단맛의 다섯 종류가 있다고 설명했습니다. 사람의 인격은 태도, 말, 식견, 청각, 생각 등 다섯 가지 요소로 구성되어 있다고 주장하기도 했습니다. 또 봄은 나무, 여름은 불, 가을은 쇠, 겨울은 물의 속성을 지니고 있다고 주장했습니다.

마지막으로 남은 흙은 봄, 여름, 가을, 겨울의 중앙에 해당한다는 등으로 주변 환경을 모두 다섯 가지 물질과 연결해 설명하게 되었습니다. 이런 방식으로 연상하고 설명하게 되면서 음양오행설은 살아남게 됩니다.

흙, 나무, 쇠, 불, 물의 다섯 가지 물질의 한자는 각각 '토', '목', '금', '화', '수' 입니다. 순서는 조금 다르지만 이 다섯 개의 한자와 음을 상징하는 '월', 양을 상징하는 '일' 은 현재 우리들이 사용하는 일주일의 이름을 만든 근거로 사용됩니다. 추연의 음양오행설이 오늘날까지 살아남아 있는 좋은 증거의 하나이기도 하지요.

土 흙토 木 나무목 金 쇠금 火 불화 水 물수 月 달월 日 태양일

음양오행설은 후일 강력한 힘을 지닌 한나라에 의해 정치적으로 활용되면서 동양 사회 속으로 더욱 깊이 삼투해 들어가는 계기를 마련하게 됩니다. 이 과정 속에서 음양오행설은 의학, 풍수지리 등과 연결되면서 더욱 신비한 이미지로 변모합니다.

★☆ 여덟.

임금도 농사짓고 왕비도 길쌈해야지,

농가

농사로 천하에 평화를

농사로 천하를 평화롭게 할 수 있다고 주장한 허행은 제자 수십 명을 이끌고 각 나라를 다니면서 직접 농사도 지으면서 제후들에게 농업의 중요성을 일깨우려 했습니다. 그들은 거친 베로 옷을 해 입었는데 모두 소매가 짧고 반바지 스타일이었습니다. 중국 남방 출신이었기에 날씨에 적응하느라 그런 모습이 된 것이지요. 여러 모로 우스꽝스러운 모습이었지요. 그런 그가 등나라의 문공을 만나게 됩니다.

"저는 허행이라고 합니다. 제후께서 정치를 잘 하신다는 소문이 자자합니다. 해서 제자들을 끌고 왔습니다. 거처할 땅을 하나 주시어 백성으로 삼아 주십시오."

"그렇게 하시오. 그런데 그대들은 어쩐 일로 모두 거친 베옷을 입고 있소?"

"예, 저희들은 먹는 것 입는 것은 스스로 해결하려는 원칙을 갖고 있습니다. 스스로 농사를 짓고 길쌈을 하고 짚신을 삼고 자리를 짜서 생활하고 있습니다. 또 생산된 물품들을 시장에서 정직하게 유통시키는 원칙도 갖고 있습니다."

"오, 기특한 생각이구려. 유가니 도가니 하는 자들은 일은 안 하고 입만 살아 사람을 여간 피곤하게 하는 것이 아니라오."

"저희는 스스로 노력하고 그 노력의 대가를 얻어 살려 하지요. 우리 스승의 가르침이 그러하옵니다."

"스승? 아니 농사에도 스승이 있소?"

"예, 저희는 신농씨의 가르침을 따르고 있습죠. 그리고 그를 신으로 모시고 있습니다."

"신농씨? 그 농사를 맨 처음 짓기 시작했다는 전설의 주인공 신농씨 말인가?"

"바로 그렇습니다."

"그래, 신농씨의 교훈은 구체적으로 무엇이오?"

"신농씨는 이렇게 이야기했습니다. 사내가 장성해서 밭을 일구지 않으면 천하에 굶는 사람이 생기게 마련이다. 여자가 나이가 찼는데도 길쌈을 하지 않으면 천하에 얼어 죽는 사람이 생기게 마련이다."

"그건 나도 알고 있소. 그래서 우리 나라는 그렇게 하려고 노력하고 있소."

"그것을 알기에 저희들이 찾아온 것입니다. 하지만 아쉬운 부분도 있습니다."

"아쉬운 부분?"

"예, 신농씨는 자신도 몸소 밭을 갈았고 왕비도 친히 길쌈을 하게 했습니다. 솔선수범했지요."

"음…… 그건 좀……."

"또 하나 신농씨는 희귀한 보물이나 실용적이지 못한 기물에 너무 마음을 두지 말라고 했습니다."

"음, 그건 공감하오. 사치란 결국 사람의 마음을 황폐하게 하는 것이니까. 어쨌든 땅을 좀 줄 터이니 당신의 뜻을 펼쳐 보시오."

등나라 문공으로부터 땅을 얻은 허행은 제자들과 함께 농사를

짓기 시작했습니다. 허행은 다른 농사꾼들과는 달리 땅을 깊이 파고 먼저 거름을 주었습니다. 또 물이 잘 빠지도록 도랑을 적절하게 만들었습니다. 그 위에 그동안 잘 간직해 온 좋은 씨앗들을 뿌렸습니다. 처음 싹이 날 때는 주변의 다른 농사꾼들의 것과 큰 차이가 없는 듯했습니다. 하지만 작물이 자라나고 추수 때가 되자 수확량은 주변의 경작지와 비교할 수 없을 만큼 풍작이었습니다. 모두들 놀라워했습니다.

농가에 반한 진상

허행이 이렇듯 등나라에서 자신의 농업 철학을 펼치고 있을 무렵입니다. 허행의 소문을 들은 진상이라는 인물이 송나라로부터 등나라로 들어왔습니다. 진상 역시 농업으로 천하를 태평하게 만들 수 있다고 확신하는 사람이었습니다. 하지만 그는 기본적으로 유가를 신봉하는 사람이었습니다. 당시 유명한 유가 인물 진량의 제자였지요.

하지만 진상은 허행의 농업 철학과 기술을 전해 듣고는 동생 진신과 함께 자신들이 개발한 농기구들을 메고 등나라로 왔습니다.

등나라의 왕은 진상에게도 거주를 허락했습니다. 진상은 우선 허행을 찾아가 만나게 됩니다.

"진상이라고 합니다."

"허행이오."

"신농씨의 교훈을 따른다고 들었습니다. 그것이 무엇인지요?"

"모든 필요한 물품을 스스로 만들어 사용하는 것이오."

"좀 구체적으로 말씀해 주시지요."

"훌륭한 임금은 백성과 함께 땅을 갈아야 합니다. 밥도 손수 짓고 음식도 함께 나누어 먹어야 하지요."

"그것뿐인가요?"

"모든 사람들이 직접 물건을 만들어야 하오. 또 동시에 모두 똑같은 치수로 물건을 만들어야 하오."

"그건 왜 그렇습니까?"

"그렇게 하면 시장에 내다 팔 때 파는 사람과 사는 사람이 서로 믿을 수 있기 때문이오."

"무슨 말씀인지……."

"생각해 보시오. 시장에 내다 파는 베나 비단은 길이를 같이 만들어야 하오. 또 실과 솜은 무게를 동일하게 포장해야 하오. 또 신발 역시 크고 작은 치수를 통일해서 만들면 낭비가 없어지고 서로

를 믿을 수 있을 것이니 시장에 신뢰가 가득할 것이오. 그렇게 되면 모두가 부유하게 되지요."

"하, 이런 것은 한 번도 생각해 본 일이 없던 일인데 참으로 사려 깊으십니다."

"단순히 농사만 짓지 말고 생산된 물건이 어떻게 팔리고 어떻게 백성들에게 전달되는지도 생각해 보시구려."

"저는 쟁기며 호미를 잘 개량해 생산량을 높이기만 하면 백성들이 잘 살 줄 알았습니다. 하지만 선생님의 말씀을 듣고 보니 깨닫는 바가 큽니다."

진상은 농기구를 직접 다루고 정비하면서 농업 생산량을 높이는 데만 관심이 많았던 듯합니다. 하지만 허행의 용의주도한 계획을 듣고 나서 생각이 많이 바뀌게 되었습니다.

즉, 임금도 일반 백성과 함께 농사일에 뛰어들고 함께 땀을 흘리면서 국가업무를 관장해야 백성이 감동한다는 허행의 주장에 크게 감명을 받았습니다. 또 시장에서 수치의 통일을 통해 가격을 안정시킬 수 있는 방법에 대해서도 깊게 공감했습니다.

진상, 맹자와 다투다

그 후 진상은 당시 유가의 핵심 인물인 맹자를 만났을 때 허행의 생각이 옳음을 적극 주장하게 됩니다. 하지만 맹자는 유가로부터 변심한 진상을 무척 못마땅해했습니다. 때문에 두 사람은 농가와 유가 중 어느 것이 더 백성들의 삶에 도움을 줄 것인가를 놓고 격렬한 토론을 벌이게 됩니다. 《맹자》에서 보이는 이 말다툼에서 맹자는 뜻밖에 격한 욕설을 퍼붓기도 합니다. 한번 볼까요?

"맹자, 등나라의 임금이 훌륭하기는 하지만 아직 멀었소. 임금이면 스스로 농사를 지으며 백성과 함께 밥을 지어 먹어야 하오. 그런데 지금 등나라의 왕은 양곡 창고와 재물 창고를 갖고 있소. 백성의 등을 쳐 자신을 살찌우는 것이오."

"진상, 댁 참 단순하구먼. 그래 댁의 스승 허행도 농기구를 직접 만드오?"

"아니오. 농사지어 거둔 조를 가져다 농기구와 바꾸오."

"그것 보시오. 세상 사람들은 다 자기에게 적합한 일이 있소. 대인은 대인의 일이 있고 소인은 소인의 일이 있지. 각자 나누어 일을 해서 각자의 생산물을 함께 교환하며 살면 되는 것이오."

"댁들은 일은 안 하고 그렇게 말만 하지. 일하기 싫으면 먹지도 말아야 하오."

"농사일만 일이오? 당신의 스승 허행이라는 친구, 저 남쪽의 야만족속, 게다가 때까치처럼 혀 짧은 인간. 깩깩거리며 성인의 도나 훼방하고. 그래 진상, 우리 유가를 버리고 그런 하품 인간에게 가서 배워? 저질!"

"허허, 욕까지……. 지금 우리는 어떻게 하면 백성들에게 도움을 줄 수 있을지 이야기하고 있소. 이 점 잊지 마시오. 맹자, 내 말을 더 들어 보시오. 내가 모시는 허행이 시키는 대로 한다면 시장에서 사는 자와 파는 자 간에 믿음이 생길 것이외다. 값을 속이는 일

이 없어질 것이오."

"어떻게?"

"시장에서 파는 베나 비단의 치수가 동일하고 실이나 솜 역시 무게가 같아진다고 생각해 보시오. 또 되나 말을 통일해서 곡물의 용량을 통일하게 하면 누구나 안심할 수 있소. 또 신발은 크기에 따라 어느 상인이 팔든지 값을 같게 하면 어린아이를 시장에 보내도 아무런 걱정이 없을 것이오. 아무도 속일 수 없을 테니까 말이오."

허행이나 진상의 주장은 당시 왕들이 서로의 영토를 넓혀 세력을 키우려 하던 현실을 고려하면 조금 순진한 면이 있습니다. 당시 귀족이나 왕족들은 서로 큰 양곡 창고를 지으며 자신들의 재산을 키워 나가고 있었습니다. 이런 상황이니 왕들 자신이 흙을 만지며 땅을 갈 리는 만무했습니다. 또 맹자와 같은 유가는 기본적으로 왕족과 귀족의 존재를 옹호하는 사람들이었기에 허행과 진상의 마음과는 거리가 멀었지요.

그러나 허행과 진상은 자신들의 생각을 직접 행동으로 옮겼습니다. 생각을 생각만으로 멈추지 않았습니다. 그다지 우호적이지 않은 현실이었지만 실천을 했습니다. 많은 농민들이 공감했지만 허행과 진상의 영향력은 그다지 크지 않았습니다.

그 가장 큰 이유는 허행과 진상이 자신들의 생각을 책으로 남기

지 않았기 때문이었습니다. 또 행동에 공감했던 농민들은 자신들의 생각을 논리적으로 펼칠 방법이 없었기 때문입니다. 물론 글도 쓸 줄 몰랐으니 기록으로 남길 수도 없었습니다. 귀족들과 제후들에게는 허행과 진상의 이야기는 귀찮은 것이었습니다. 따라서 그들의 이야기를 기록으로 남겨 둘 생각이 없었지요. 때문에 후대 문헌에서도 많이 다루어지지 않습니다. 하지만 전국 시대 농민들에게는 신선한 자극이었고 커다란 위안 중 하나였음이 분명해 보입니다.

제자백가와 농가

전국 시대에는 다양한 사상가들이 있었습니다. 저마다의 이론을 만들어 내고 전파하던 사람들이 하도 많은지라 문헌들은 이들을 두고 제자백가라고 불렀습니다.

'제'는 다수를 의미합니다. '자'는 바로 노자, 공자라고 할 때의 바로 그 '자'입니다. '백'은 일백을 뜻하는 숫자입니다. '가'는 집단의 무리, 즉 유가, 법가라고 할 때의 '가'입니다.

제자백가 중에서 아주 독특한 사람들이 있었습니다. 그들은 농가로 불리는 사람들이었습니다. 농사로 천하를 평화롭게 할 수 있다고 주장하는 사람들로 허행과 진상이 바로 그 주인공입니다. 이들은 농법과 농기구를 개선해 농업 생산량을 늘려 천하를 배부르게 만들 수 있다고 믿었던 사람들이었습니다. 때문에 후대 사람들이 농사를 짓는 무리들이라는 뜻으로 농가라고 불렀습니다.

이들과 관련된 기록은 많지 않습니다. 기록이 많이 남아 있지 않은 이유는 이들이 주로 하층 농민들과 많이 생활했기 때문입니다. 역사의 기록은 주로 귀족들이나 제후들과의 접촉이 많은 유가들의 몫이었기 때문입니다. 유가들이 주로 문자를 다루었기 때문이지요. 그리고 무엇보다 중요한 이유가 있습니다. 진상은 원래 유가의 제자였습니다만, 허행의 가르침에 반해 농가로 변신하여 유가의 대표 인물인 맹자와 격렬한 변론을 벌였기 때문이었습니다. 이 변론이 얼마나 격했는지 맹자는 진상에게 욕설을 퍼붓기도 했습니다. 이런 이유로 농가는 유가로부터 제대로 대접을 받지 못했지요.

"감히 유가의 어른이신 맹자님에게 대들어. 기록에서 빼!"

어쨌든 농가들은 매우 독특한 주장을 폈다는 점에서 호기심이 생깁니다. 더구나 그 주장을 실천하는 것이 매우 고단한 점이었음을 고려해 볼 때 그들의 이야기에 귀를 기울일 필요가 있겠지요. 사실 다른 사상가들은 생각만 하고 말로 표현만 하면 되는 사람들이었으니까요.

★☆ 아홉.

개가 호랑이를 잡아먹을 수도 있지,

한비자

法

춘추 시대에는 약 170여 개의 나라가 있었습니다. 이 나라들은 전국 시대에 들어서면서 약 20여 개로 줄어듭니다.

170여 개 나라가 20여 개의 나라로 통합되는 과정이 어떠했을까요? 바로 전쟁과 정치적 짝짓기로 인한 혼란 그 자체였습니다. 그리고 혼란은 계속됩니다. 마침내 7개로 줄어들게 됩니다. 흔히 춘추전국 시대를 전쟁과 갈등의 시대로 표현하는 이유가 여기에서 드러납니다.

일곱 나라는 진, 초, 연, 제, 한, 위, 조나라였습니다. 나라의 숫자가 일곱이기 때문에 역사에서는 흔히 전국 7웅이라고도 부릅니다. '웅'은 영웅이라 할 때의 '웅'입니다. 흔히 수컷 '웅'이라고 하지요. 그러니까 전국 시대를 풍미한 일곱 수컷 또는 일곱 영웅이라는 뜻이 되지요.

혼란한 시기이다보니 왕들은 나라를 다스릴 새로운 방법들을 모색하기 시작했습니다. 다른 나라보다 먼저 변화에 걸맞은 통치 방법을 찾아내 강대국이 되려는 생각뿐이었습니다.

이 변화의 시기에 상앙이라는 인물은 변화에도 법칙이 있음을 이야기합니다. 상앙은 자신이 만들어 낸 생각을 변법이라는 말로

표현했습니다. 글자 그대로 변화의 법이라는 뜻이지요. 그럼 변법의 핵심은 무엇일까요?

당시 사회는 혈연관계로 구성되어 있던 시대였습니다. 즉, 아버지가 천자이면 아들들은 자연스럽게 제후로 임명되었습니다. 제후가 된 아들은 다시 자신의 아들을 지방 관리로 임명했습니다. 그러면 그 아들은 다시 더 작은 지방에 자신의 아들을 파견하는 형태였습니다. 그러니까 결국 모든 권력은 자자손손 핏줄로 연결되어 있었습니다.

이런 환경이었기에 권력층은 서로의 잘못을 눈감아 주는 데 익숙했습니다. 정치적인 부패가 일어났던 것입니다. 당연히 백성들의 원성이 높았습니다. 상앙은 바로 이러한 상황을 변화된 법으로 바꾸어 보려 했습니다. 그 의지가 강력했고 일부 지방의 제후들도 이에 호응했기 때문에 사람들은 이를 변법 운동이라고도 불렀습니다.

변법은 법을 통해 귀족들의 권리를 박탈하고 백성들에게도 생존권을 확보해 주려고 했습니다. 대단히 혁명적인 시도였습니다. 모든 권력이 핏줄로 연결되어 있던 시대에 나타난 변법 운동은 백성들에게는 구원의 소리로 들렸습니다. 법 앞에서는 귀족도 농민도 똑같은 권리를 갖게 된다는 의식은 천지가 개벽할 만큼 충격적인 것이었습니다. 그러나 귀족들에게는 난데없는 봉변이었지요.

이 개혁의 한복판에 서 있던 사람이 바로 상앙이었습니다. 그런데 상앙 자신은 귀족이었습니다. 흥미로운 부분이지요. 귀족이었던 상앙은 백성의 피폐한 모습을 차마 보지 못해 변법 운동을 주도했습니다. 변법을 통해 백성들의 신분 상승을 도우려 했던 것이지요.

하지만 귀족들의 반발에 부딪혀 결국 그는 체포되고 맙니다. 자신들의 권리와 이익이 눈앞에서 사라지는 것을 본 귀족들은 합심해서 상앙을 제거하려 합니다. 상앙을 체포한 귀족들은 백성들을 협박하기 위해 상앙을 마차에 묶어 사지를 찢어 죽입니다. 모든 사람들이 겁을 먹을 수밖에 없겠지요. 이 형벌을 거열이라고 부릅니다. 마차 '거'에 찢을 '열'을 합한 단어입니다.

상앙은 비참하게 죽임을 당했습니다. 하지만 법을 바꾸면 사회를 바꿀 수 있다는 생각은 전국 시대 모든 사람들 마음속에 커다란 충격으로 남게 되었습니다. 그러나 귀족들의 반발 때문에 상앙의 생각은 점차 사그라지는 듯했습니다.

말을 더듬는 한비자

상앙이 죽은 지 약 50여 년 뒤인 기원전 280년, 그러니까 전국 시

車 마차 거(차로 읽기도 함) 裂 찢을 열

대가 끝나 갈 무렵에 한나라 왕실에 사내아이 하나가 태어납니다. 이제 이 아이 이야기를 해 볼까 합니다.

아이의 이름은 한비자였습니다. 하지만 이 아이는 왕의 첩이 낳은 아들이었습니다. 첩의 자식이었기에 어려서부터 불공평한 대우를 받으며 자랐습니다. 정치적인 힘겨루기를 체험하면서 성장한 셈이지요. 힘이 없으면 죽고 힘이 있으면 살아남는 현실을 경험하며 자랐습니다.

그런 마음고생 때문이었는지 한비자는 말을 더듬었습니다. 억울한 일을 당해도 자기를 마음껏 표현할 수 없었지요. 하지만 한비자는 포기하지 않았습니다. 대신 글읽기와 글쓰기에 매달렸습니다.

당시 한비자는 순자에게서 글을 배우고 있었습니다. 순자는 유가 사상을 추구하던 인물이었습니다. 이 책의 맹자 부분에서 잠시 언급한 적이 있는 사람이지요. 맹자의 성선설과 달리 성악설을 주장했던 사람이지요.

어쨌든 순자는 유가 사상에 매력을 느끼면서도 상앙의 죽음을 둘러싼 갈등에도 깊은 흥미를 느끼고 있었습니다. 그는 상앙이 제시했던 변법이 결국 사회를 변화시키는 원동력이 될 수 있을 것으로 생각했습니다. 때문에 순자는 한비자에게 다양한 사상을 가르치면서 특히 이 두 사상을 비교해 가며 가르쳤습니다.

글읽기와 글쓰기에 매진한 한비자의 비판 능력은 날로 늘어갔습

니다. 여러 사상을 공부해 가는 과정 속에서 한비자는 법을 통해 세상을 바꿀 수 있다는 상앙의 외침에 왠지 마음이 쏠렸습니다. 마음 한 구석에 불공평한 대우에 대한 불만을 담고 있던 한비자였기에 법을 통해 사회를 공평하게 다스릴 수 있다는 생각에 푹 빠져들었습니다.

한비자는 스승인 순자로부터 상앙의 변법들에 대해 들으면서 깊이 생각했습니다. 어느새 한비자의 마음속에는 법을 제대로 만들고 적용하면 세상이 바뀌고 나라가 부강해질 것이라는 확신이 피어올랐습니다. 그는 책상 위에 죽간을 펼쳐 놓고 자신의 생각들을 정성껏 써내려 갔습니다.

생각하면서 글을 연마하던 한비자였기에 그의 글은 어느 틈에 강한 흡인력을 갖추게 되었습니다. 스스로 생각해도 흡족했습니다. 한비자는 아버지인 한나라 왕에게 자신의 생각을 적은 죽간을 보여주었습니다.

"나라를 강하게 해야 합니다. 백성을 부유하게 해야 합니다. 이를 위해서는 나라의 법을 다듬어야 합니다. 유가의 사상과 사람들은 쓰지 마십시오. 말만 많습니다. 또 법도를 어지럽힙니다. 검객들을 쓰지 마십시오. 그들은 힘만 믿습니다. 때문에 결국 나라의 기강을 다 어지럽히게 됩니다."

한비자의 글은 짧고 강했습니다. 누런 죽간 위의 검은색 먹글씨는 단정했습니다. 논리 또한 정연하기 그지없었습니다. 하지만 왕은 한비자의 글을 대수롭지 않게 여겼습니다. 서자인 자신의 아들이 하는 철없는 소리로 들었던 것이지요. 한비자의 실망은 컸습니다.

그런데 한비자가 쓴 이 죽간이 우연한 기회에 이웃 진나라 왕의 손으로 흘러들어 갔습니다. 진나라는 당시 중원에서 가장 강력한 나라였습니다. 한비자의 죽간을 읽은 진나라 왕은 속으로 흠칫 놀랐습니다.

"기막힌 분석이로군. 내 이런 친구와 함께 이야기를 나누어 본다면 죽어도 한이 없겠네."

진나라 왕은 죽간을 쓰다듬으며 곁에 있던 신하 이사에게 혼잣말처럼 뇌까렸습니다. 그러자 이사가 빙그레 웃으며 이렇게 대꾸합니다.

"그 죽간의 임자는 한비자입니다."

"한비자?"

"예, 한나라 왕의 서자인 녀석이지요."

"그를 아는가?"

"알다마다요. 스승님 순자 밑에서 저와 함께 공부한 친구입니다."

"그래? 그러면 당장 한나라로 쳐들어가자. 가서 그 친구를 사로잡아 오지."

강대국 진나라가 쳐들어온다는 소문을 듣게 된 한나라의 왕은 두려움에 가득 찼습니다. 그러나 진나라 왕의 마음이 한비자에게 있다는 것을 전해 들은 그는 고민 끝에 한비자를 진나라에 사신으로 보냅니다. 물론 진나라 왕의 심기를 풀어 주려는 의도였지요.

한비자를 만나게 된 진나라의 왕은 무척 기뻤습니다. 그와 대화를 나누면서 진나라 왕은 한비자에게 완전히 매료되었습니다. 그를 곁에 두고 싶은 마음이 생겼습니다. 이러한 왕의 마음을 곁에 있던 이사가 알아챕니다. 그는 짐짓 안타까운 표정을 지으며 왕에게 다가갔습니다.

"한비자는 가까이 하시면 아니 되는 인물입니다."

"어째서?"

"한비자는 어찌 되었든 한나라의 핏줄을 이은 자입니다. 왕께서는 지금 중국 통일을 꿈꾸고 계십니다. 설사 한비자의 작은 꾀를 몇 번 써먹는다 해도 결국은 후환이 될 것입니다."

"왜 그렇게 생각하는가?"

"한비자는 심지가 곧은 친구입니다. 자신의 나라를 사랑하는 자입니다. 그는 진나라를 위해 일을 하지는 않을 것입니다. 돕는 체하다가 결국은 한나라에 이롭도록 상황을 만들어 버릴 것이기 때문입니다."

“흠, 그렇게 총명한 녀석이 적국에 있다는 것은 호랑이가 자라기를 기다리고 있는 형상이나 마찬가지이겠군. 그럼 어떻게 하면 좋겠소?”

“일찌감치 죽여 없애는 것이 후환을 없애는 가장 현명한 방법입니다.”

“죽인다…….”

이사는 한비자의 친구였습니다. 함께 공부하면서 많은 이야기를 나누며 정감을 나누었던 사이입니다. 하지만 이사는 일찍부터 한비

자가 자신보다 훨씬 뛰어나다는 것을 알고 경계심을 품고 있었습니다. 말로는 이사를 당할 사람이 없었습니다. 하지만 이사는 조용한 한비자가 무서웠습니다. 한비자의 침착하고 냉정한 판단력이 늘 두려웠습니다. 때문에 한편으로는 존경스러웠고 한편으로는 질투가 났습니다. 그런 질투가 마침내 친구를 죽음으로 몰아가고 있는 것입니다.

이사의 말을 들은 진나라의 왕은 이사를 통해 한비자에게 사약을 내립니다.

"이사, 어찌 이럴 수가 있나? 자네는 나의 친구 아닌가?"

"한비자, 정치의 냉혹함은 자네도 알지 않는가? 서자이니 더 겪었을 테고."

"여보게 친구, 이건 도리에 어긋나는 일일세. 내가 진나라의 왕을 직접 뵙고 말씀드리겠네."

"어명이다!"

결국 한비자는 약사발을 들어 마셨습니다. 자신의 출신, 한나라 왕의 어리석음, 친구의 음모……. 이 모든 것이 한비자의 마음을 아프게 했습니다. 마음의 고통이 사약보다 더 쓰디썼습니다.

사약의 뜨거운 기운이 한비자의 몸 곳곳으로 스며들 무렵, 진나

라 왕은 자신의 결정을 후회하게 됩니다. 그래서 급히 사람을 보내 사약을 거두도록 명령합니다. 하지만 때는 이미 늦었습니다. 한비자의 몸은 식어 있었습니다.

한비자는 나라의 법을 정비하고 법도를 강화하는 길만이 최선의 부국강병책이라고 믿었습니다. 때문에 후대 사람들은 한비자의 사상을 법가 사상이라고 부르게 됩니다. 이 법가 사상은 진나라의 왕과 이사에 의해 깊이 연구됩니다. 진나라의 왕과 이사에 의해 다시 다듬어진 한비자의 법가 사상은 마침내 진나라를 강대한 나라로 바꾸는 원천이 되었습니다. 이와 관련해서는 다음 장에서 상세하게 다루겠습니다.

한비자는 냉철하고 이성적인 현실론자였습니다. 그리고 그의 주장은 오늘날에 다시 들어 보아도 고개가 끄덕여지는 부분이 많습니다.

이제 한비자의 사상을 몇 가지로 나누어 살펴보겠습니다.

토끼는 잡아야 잡힌다

세상만사는 계속해서 변하고 있습니다. 한비자는 이 사실을 잘 알고 있었습니다. 그러나 당시의 사상가들, 특히 공자와 유가들은 세상이 어떻게 돌아가든 옛날부터 해 오던 관습을 버리지 않았습니다. 아니 오히려 옛날로 돌아가기 위해 애를 썼습니다.

한비자는 이런 모습이 답답해 보였습니다. 그래서 우화 하나를 만들었습니다.

"어떤 농부가 밭을 갈고 있었지. 그런데 갑자기 토끼가 냅다 달

려와서는 나무에 머리를 박더니 목이 부러져 죽어 버리는 거야. 죽은 토끼를 냉큼 주웠지. 기분이 좋았어. 그런데 문제는 지금부터야. 이 농부가 이제는 농사는 내팽개치고 그 나무 근처만 빙빙 도는 거야. 왜 그랬겠어? 그렇지. 토끼를 기다리는 거지. 하지만 그런다고 토끼가 다시 잡히겠어?"

세상의 일들이 늘 비슷한 모습으로 일어나는 듯해도 실상은 그렇지 않다는 점을 한비자는 잘 알고 있었습니다. 토끼가 언제나 한 그루의 나무만을 향해 달려들 리는 없지요. 이리저리 뛰는 토끼를 잡으려면 토끼를 찾아 나서야 합니다. 그리고 토끼에 대해 잘 연구하고 그에 맞는 사냥법을 고안해 내야 하겠지요. 토끼는 잡아야 잡힐 뿐 기다려서는 잡히지 않는다는 것이 한비자의 생각이었습니다.

법이 강해야 나라가 강해진다

한비자는 당시 여러 나라의 제후들이 자신들의 나라를 부강하게 만들지 못하는 점을 늘 답답하게 생각했습니다. 그는 나라의 왕들이 자신의 생각대로만 움직이면 틀림없이 나라를 부유하고 강하게 만들 수 있다고 주장했습니다. 어떤 주장인지 한번 귀를 기울여 볼까요?

"어느 나라이고 늘 강한 나라는 없소이다. 마찬가지로 늘 약한 나라도 없고."

"그럼 어느 나라가 늘 강한 나라가 되겠소?"

"법을 잘 연구하고 만드는 나라는 강하게 될 것이고 법을 소홀히 여기고 시대의 흐름에 맞는 법을 만들지 못하는 나라는 약하게 될 것이외다."

"왜 하필 법이오? 무역을 한다든지 무기를 잘 만든다든지 하는 것이 낫지 않소?"

"그렇지 않습니다. 법이 물렁해서 돈 있고 힘 있는 사람이 법을 이용해 버리면 백성들의 불신이 나라에 가득하게 되지 않소? 그러면 그런 나라는 저절로 힘이 빠지게 마련이지요."

"음……."

"반면에 제도와 법이 잘 만들어지고 지켜지기만 하면 왕은 가만히 앉아서도 온 나라의 일을 돌볼 수 있을 것이외다. 이득이 여간 크지 않지요."

"법 대신 성품이 어질고 지혜가 많은 사람을 중용하면 더 좋지 않을까?"

"성품이 어질다는 것은 매우 주관적인 평가입니다. 규정과 법도를 모른 채 성품만 좋아서는 마차 바퀴 하나 제대로 만들 수 없을 것이외다."

한비자의 말은 모두가 이해할 수 있고 지킬 수 있는 원칙과 법도만 있으면 커다란 시비 없이 모든 일이 잘 돌아갈 것이라는 뜻이었습니다. 성품이 어질다는 사람도 어느 순간 판단을 잘못할 경우 일을 그르칠 수도 있겠지요. 하지만 규칙과 법도가 있고 모두가 규칙과 법도를 따른다면 주관적인 판단의 오류를 막을 수 있다는 것이 한비자의 생각이었습니다.

왕은 백성들의 주머니를 채워 주어야 한다

한비자는 백성을 다스리는 데 무엇보다 중요한 것은 돈이라고 생각했습니다. 백성들이 돈을 벌 수 없다면 아무리 어진 마음, 옳은 행동을 강조해도 왕의 말을 듣지 않을 것이라고 했습니다. 그런데 사상가라면 점잖게 도덕을 이야기해야 하지 않을까요? 돈을 너무 강조하면 조금 각박하지 않을까요? 한비자의 생각을 들어 봅니다.

“통치자가 백성들의 마음을 사로잡으려면 백성들로 하여금 돈을 벌게 해 주어야 합니다. 백성들이란 마음속으로 늘 돈, 이익 이런 것들만을 생각하기 때문이지요. 이익이 생긴다면 백성들의 마음이 왕에게로 향하게 되지요.”

“이익이라……. 허나 너무 돈돈 하는 것이 점잖아 보이지 않소.”

“허허허, 조금 솔직해집시다. 백성들이 경제 활동을 잘 하도록 환경을 만들어서 생활이 윤택해지면 당연히 왕을 좋아하게 될 것 아니겠소?”

“음, 그렇긴 하지. 하지만 돈만 잘 벌게 해 준다고 백성들이 왕의 명령을 잘 따를까?”

“물론, 돈만으로는 안 되지요.”

“그럼 뭐가 있나?”

“위엄이 담긴 통솔력이 있어야 합니다.”

“위엄이 담긴 통솔력? 어떤 위엄.”

“백성들이 경제 활동에 빠져들다 보면 이익 추구를 위해 법을 어기고 싶어지지요. 그럴 때를 대비해 각 행위에 따른 법령을 하나하나 갖추어 놓아야 합니다. 그러고는 법을 엄격하게 집행해야 합니다. 그러면 나라의 위엄이 서게 됩니다.”

"그렇겠군. 그럼 그런 법령은 어떻게 만들면 되겠소."

"이때 필요한 것은 명분입니다."

"명분? 그거 너무 추상적이구먼."

"사실 추상적이지도 않습니다. 단순합니다. 명분이란 다른 표현으로 원칙입니다."

"원칙?"

"그렇습니다. 백성들 모두가 공감하고 이해할 수 있는 원칙에 근거해서 법령을 만들면 됩니다. 그러면 백성들 각자의 노력이 낭비되지 않을 것입니다. 그 점을 백성들이 깨닫게 되면서 법을 자발적으로 지키게 될 것입니다."

한비자는 현실적이고 냉정한 사람이었습니다. 한비자는 백성들이 자기 기준대로 또 마음대로 일을 하면 안 된다고 제안한 것이었습니다. 국가의 표준에 맞추어 생산 활동을 하라고 제안한 것이었습니다. 이렇게 하면 모든 생산품이 규격에 맞게 되지요. 그렇게 되면 대량 생산이 가능해지고 생산 원가도 줄어들게 됩니다. 경제 활동도 규칙적이 되어서 손실을 줄일 수 있지요.

이러한 생각은 오늘날 국제사회의 흐름과 교류에서도 적용되는 원칙입니다. 이러한 생각을 2500여 년 전에 해 낸 한비자라는 인물, 참으로 대단하군요.

지금까지 본 것처럼 한비자는 법을 강조했습니다. 백성들이 경제 활동을 통해 만족해야 왕의 통치에 순응한다고 했습니다. 위엄을 강조하기도 했고 명분과 원칙도 강조했습니다.

그러나 한비자는 백성들의 마음을 사로잡고 또 배신하지 않게 하려면 벌과 상을 적극적으로 사용해야 한다고 주장했습니다. 특히 바로 밑의 신하들을 다스릴 때 벌과 상을 적절하게 사용해야 한다고 말했습니다. 그런데 앞의 문장을 읽으면서 독자들은 조금 어색한 느낌을 받아야 정상입니다. 어색한 느낌은 '벌과 상'이란 표현에서 받았을 것입니다.

일반적으로 우리는 상과 벌이라는 말을 많이 합니다. 상이라는 긍정적인 표현이 먼저 오고 벌이라는 부정적 표현을 뒤에 두려는 잠재의식 때문이지요. 하지만 한비자는 의도적으로 벌과 상이라는 표현을 썼습니다. 그는 벌과 상을 적절한 술책과 함께 사용해야 한다고 주장했습니다. 그의 말을 들어 봅시다.

"왕께서는 형벌과 상을 교묘한 방법으로 사용하셔야 합니다."

"좀 더 구체적으로 말해 보시오."

"사람들로 하여금 형벌은 왠지 두렵도록 하고 상은 탐내도록 해야 한다는 말입니다."

"왕이 꼭 그렇게 속 보이는 짓을 해야 한단 말이오? 좀 그렇잖소."

"냉정하게 생각하십시오. 호랑이가 개를 잡아먹을 수 있는 이유는 이빨과 발톱이 있기 때문입니다."

"그건 누구나 아는 상식이지."

"그러나 만일 호랑이의 이빨과 발톱을 다 뽑아서 개에게 달아 준다면 개가 호랑이를 잡아먹고 말 것입니다."

"그러니까 왕은 호랑이처럼 신하와 백성을 겁도 주고 상도 주면서 다스려야 한다는 말이지?"

"바로 그렇습니다. 묘한 술책으로 때로는 발톱도 보이기도 하고 때로는 어르면서 다루지 않으면 언젠가는 신하와 백성에게 먹히고 말지요."

"하지만 매번 그렇게 생각하면서 지내려면 잔머리를 늘 굴려야 하지 않소?"

"사실 그럴 필요는 없습니다. 기본 원칙만 머릿속에 넣어 두십시오. 그러고는 조용히 아무 일도 하지 않는 듯이 일을 하시면 됩니다."

한비자는 왕이 어진 마음으로 신하와 백성을 감동시켜 통치해야 한다는 공자와 유가들의 주장을 비웃습니다. 그 대신 그는 냉정하

고도 조금은 음험하게 통치해야 한다고 역설합니다. 하지만 한비자는 왕의 이미지가 차갑게 보이지 않도록 포장해야 함도 역설합니다. 이 부분에서 한비자는 노자의 사상을 잠시 빌어다 사용합니다. 다시 이야기를 들어 봅시다.

"아무 일도 하지 않는 듯이 일을 한다? 노자가 말한 '무위자연' 같이 말이오?"

"바로 그것입니다. 마음을 비운 듯이 조용히, 그리고 아무 일도 안 하는 듯이 계시면 됩니다. 이것을 허정무위라고 합니다."

"허정무위라. 빌 '허', 고요할 '정', 없을 '무', 할 '위', 음…… 무슨 뜻인지 알 것 같구려. 마음을 비우고 고요히 생각하라. 아무 일도 하지 않는 듯하라 이런 뜻이겠지?"

"겉으로는 조용하고 위엄 있게 행동하지만 속으로는 필요한 모든 술책을 다 사용하셔야 합니다."

"그렇겠군."

"위엄이 있는 분위기와 함께 그저 사람들을 적재적소에 사용하시면 됩니다. 닭은 아침을 알리게 하고 족제비는 쥐를 잡게 하듯이 말입니다."

"닭과 족제비라…… 그거 재미있군. 하지만 나는 호랑이가 되어야겠소."

虛 빌 허 靜 고요할 정 無 없을 무 爲 할 위

한비자의 이러한 사상들은 앞서도 언급했지만 진나라 왕의 마음을 사로잡았습니다. 하지만 한비자는 이미 죽었습니다. 이제 진나라 왕에게 다른 선택은 없었습니다. 이제 한비자의 친구이자 라이벌이었던 이사와 함께 중원 통일을 이루어 가야 했습니다.

진나라의 왕을 도와 이사는 법가 사상을 기초로 진나라를 강력한 제국으로 키워 갑니다. 그러고는 진나라를 중심으로 중원을 통일하게 됩니다. 중국 역사상 최초의 통일이 이루어지는 순간입니다. 바꾸어 말하면 만일 한비자의 사상이 없었다면 중국의 통일은 없었을지도 모른다는 뜻이기도 합니다. 당시의 상황을 한 번 살펴보지요.

★☆ 열.

최초로 중국을 통일한

진시황, 그리고 신하 이사

전국 시대의 7웅 중 진나라는 정치에 법가 사상을 적용하면서 점차 가장 강한 나라로 변하게 됩니다. 그리고 마침내 중국을 통일합니다. 이때가 기원전 221년입니다. 중국 역사상 최초의 통일이었습니다. 중국을 통일한 왕의 이름은 정이었습니다.

그는 자신의 명칭을 왕에서 황제로 바꿉니다. 바로 진시황입니다. 진시황이란 단어를 풀어 볼까요? '진' 은 진나라 진입니다. '시' 는 시작할 때의 '시' 입니다. '황' 은 황제의 의미이고요. 따라서 진시황이란 단어는 진나라의 맨 처음 황제라는 뜻이 됩니다. 황제라는 명칭이 중국 최초로 등장한 것입니다.

중국을 통일한 진시황은 자신 곁에 있던 이사를 재상으로 임명합니다. 영민했던 이사는 그동안 활용했던 법가적인 방법을 더욱 보완해 진나라를 강력한 나라로 탈바꿈시키기 시작합니다.

이사는 먼저 상앙의 변법 아이디어를 구체화해 진나라에 적용하기로 합니다. 상앙은 당시 혈족 단위, 다시 말해 씨족 단위로 구성되어 있던 대가족 제도를 깨뜨리려 했습니다.

그 대신 부부 단위의 소가족 단위로 생활하도록 하고자 했습니다. 이렇게 함으로써 씨족의 장이 대가족의 구성원을 동원해 과도

秦 진나라 진 始 처음 시 皇 황제 황

한 권력을 행사하는 것을 막을 수 있을 것으로 생각했습니다. 또 이렇게 하면 농민들 개개인이 자신들의 삶을 독자적으로 돌볼 수 있을 것으로 기대했습니다.

이사는 이 제도를 사용하기로 결정하고 황제에게 아뢰었습니다. 그러자 진시황이 묻습니다.

"농민들이 각자 독립해서 생활하게 되면 통솔이 더 어렵지 않겠소? 차라리 씨족장들을 휘어잡는 게 더 편하지 않겠소?"

"그렇지 않습니다. 씨족장들의 힘이 약해지면 씨족 집단의 세력이 약화됩니다. 그렇게 되면 더 통솔이 쉬워집니다."

"하지만 씨족장들은 군대를 가지고 있는데."

"바로 그 문제 때문에 씨족 집단을 분산시켜야 합니다."

"나는 아직도 이해를 못 하겠소."

"생각해 보십시오. 씨족장들의 군대 구성원은 무엇인가요?"

"마을 부랑자들이지. 그래서 더 사납지."

"그 부랑자들이 왜 씨족장 수하로 들어가나요?"

"그거야 씨족장들은 씨족들로부터 거둬들인 양식이 많으니 그 재력으로 부랑자들을 긁어모으는 거지."

"예, 바로 그 재력을 약화시켜야 합니다."

"오, 그러니까 씨족 집단을 분산시키면 씨족장들이 씨족들로부터 양식을 빼앗지 못하게 되고 재력이 줄어 부랑자로 군대를 만들 수 없게 된다는 논리로구먼."

"황제의 지혜가 지극히 높으십니다."

이사가 노린 것은 독자적인 세력을 지닌 씨족 집단의 세력을 약화시키는 것이었습니다. 당시 씨족 집단들은 농업으로 거대한 수확을 거둘 수 있었습니다.

그리고 이 경제적 힘으로 부랑자들을 사들이고 자신들만의 군대로 조직하고 있었습니다. 때문에 한 번 세력이 형성되면 중앙의 왕도 함부로 다룰 수가 없었습니다.

이사는 황제의 힘을 강력하게 만들기 위해 씨족 집단을 쪼갠 것입니다. 결과적으로 농민들은 소규모의 가정 단위로 쪼개지게 되었습니다. 이제 힘이 씨족장 하나에게 몰리지 않게 되었습니다. 가정 단위의 소규모 가족들에게도 이 제도는 괜찮았습니다. 씨족 집단에게 수확물을 다 빼앗기지 않게 되었기 때문이지요.

이사는 군대를 황제 곁에만 두었습니다. 그 결과 황제는 중앙에서 나라 전체를 완전히 장악할 수 있었습니다. 반발하는 집단이 있으면 중앙에서 군대를 파견해 진압할 수 있게 되었습니다. 중국 역사상 처음으로 중앙집권제, 즉 권력을 중앙으로 집중시키는 제도가 완성되는 순간이었습니다.

이사는 한비자를 질투로 죽이기는 했지만 그의 법가 사상을 높이 평가하고 있었습니다. 이사가 아무리 곰곰이 생각해 보아도 한비자의 생각이 옳았습니다. 당시의 여러 사상 중에서 유가 사상은 분명 생산적이지 못했습니다.

예를 들어 '어진 사람을 존중한다.' 는 말은 신사적으로 들리기는 하지만 '어질다' 는 기준이 무엇이냐는 질문에 대해서는 대답이 쉽지 않습니다. 때문에 권력을 쥔 윗사람이 마음대로 판단할 수 있게 됩니다. 법가들은 이러한 점을 늘 비판했습니다.

이사 역시 이러한 생각에 동조했습니다. 물론 진시황도 같은 마음이었습니다. 하지만 유가들은 지식이 많고 논변에 강했습니다. 늘 말꼬리를 잡아 논의가 끝없이 이어지도록 했습니다. 진시황과 이사에게 유가들은 눈엣가시였습니다.

유가를 몰아내기 위해 고민하던 이사는 마침내 계책을 만들어 냈습니다. 이사는 황제의 통일 위업을 축하하기 위한 연회를 준비했습니다. 거대한 연회였습니다. 이 연회에 이사는 당시의 내로라하는 사상가들과 지식인들을 모두 초대했습니다. 특히 연회의 장엄한 분위기를 즐기며 예의범절을 까다롭게 다루던 유가의 대가 70

여 명을 초빙했습니다.

그 연회에 모인 사람들은 진시황의 통일 업적에 대해 너도나도 한 마디씩 촌평을 하기 시작했습니다. 많은 사람들이 눈치를 보며 칭찬했습니다. 그러나 유가들은 법가들에 의해 자신들의 문화가 무너져 내리는 것이 불만이었습니다.

"훌륭하긴 뭐가 훌륭해. 은나라 때부터 내려온 봉건제도, 바로 핏줄로 이어 온 끈끈한 관계가 더 값지지 않소? 씨족제도가 얼마나

정감 있는 제도요. 할아버지와 손자, 아버지와 아들들이 끈끈한 정으로 이어진 권력제도 말이오."

붉은 고량주 한두 잔에 사람들의 마음은 풀어지기 시작했습니다. 술김에 내뱉은 말이었습니다. 그러나 장소는 황제가 베푼 연회였습니다. 진시황은 뿔 달린 청동 술잔 '작'을 내던지며 대노했습니다.

"저놈들을 당장 끌어내 처형하라!"

황제의 위엄을 손상시킨 벌은 무척 가혹했습니다. 법가의 사상, 즉 모든 판단과 실행을 법규에 맞추어 진행해야 한다는 법가 사상을 기초로 출발한 진나라였습니다. 따라서 법은 엄격하고 잔혹했습니다.

이사는 우선 황제 앞에서 입을 함부로 놀린 유가들을 산 채로 흙구덩이에 몰아넣었습니다. 그리고 명령했습니다.

"묻어라!"

이사는 이번에는 전국에 있는 유가들의 책을 모조리 거두었습니

焚 태울 분 書 책 서 坑 흙구덩이 갱 儒 유가 유

다. 유가들의 책뿐만 아니라 법가 사상의 책과 농업에 필요한 책들을 제외한 모든 책들을 압수했습니다.

당시의 책은 물론 지금과 같은 종이책이 아니었지요. 대나무와 나무 조각에 송진액 등으로 글을 쓴 죽간이었습니다. 이사는 이 책들을 모두 태워 버렸습니다.

책을 모두 태우고 유가들을 흙구덩이에 산 채로 묻어 버린 이 사건을 사람들은 분서갱유라고 부릅니다. 분은 태울 '분' 입니다. 서는 책 '서' 입니다. 갱은 흙구덩이 '갱' 입니다. 마지막으로 유는 유가 '유' 입니다. 그러니까 분서 갱유란 책을 불태우고, 유가들을 흙구덩이에 묻었다는 뜻이 됩니다.

여기서 하나 알아야 할 것이 있습니다. 진시황과 이사가 분서갱유를 시행하기는 했으나 이는 백성들의 공포를 불러일으키기 위한 정치적 행위였습니다.

실제로 황실 내부의 도서관에는 유가 등 다른 사상의 죽간들을 보관해 두었습니다. 그리고 소수의 학자들도 살려 두었습니다. 통치를 위해서는 다른 사상에 대한 연구도 필요했기 때문이었지요. 하지만 백성들은 절대로 책을 숨길 수도 심지어 유가와 관련한 단어나 구절도 사용할 수 없었습니다. 들키면 잔인한 처형을 피할 수 없었기 때문이었습니다. 지적 공포의 시기였지요.

글꼴과 마차 바퀴를 통일하라

진시황이 분서갱유라는 극단적인 방법을 사용한 이유는 아무런 사상적 걸림돌 없이 백성들에게 법가 사상을 적용하기 위해서였습니다. 하지만 분서갱유는 극단의 조치였고 부정적인 방법이었습니다. 부정적인 방법만으로 중원이 일사분란하게 통치될 수는 없었습니다.

이번에는 긍정적인 방법이 필요했습니다. 즉, 새로운 법과 제도를 만들어 낼 필요가 생겼습니다. 고민에 고민을 거듭하던 진시황이 이번에도 이사에게 묻습니다.

"재상 이사, 뭐 좀 산뜻한 법령 하나 만들어 볼 수 없을까?"

"있습니다. 황제 폐하. 제 마음속에 이미 법령 두 가지가 피어나고 있습니다."

"아, 그래. 그게 뭐요?"

"예, 우선은 중원에서 사용하는 한자의 글꼴을 통일하는 것입니다."

"한자 글꼴을 통일해요?"

"폐하께서도 잘 아시지만 현재 중원에는 한자 글꼴이 일곱 가지나 있지 않습니까?"

"그렇지. 내가 중원을 통일하기 직전에 있던 초나라, 연나라, 제나라, 한나라, 위나라, 조나라가 한자 글꼴을 제각각 쓰고 있었지."

"그리고 저희 진나라도 글꼴을 가지고 있지 않습니까?"

"음, 그래서 모두 일곱 가지가 있다 했군. 그런데?"

"예, 바로 이 글꼴들을 우리 진나라의 글꼴로 통일해 버리는 것입니다."

"그거 훌륭한 아이디어로군. 그렇지 않아도 다른 지역들의 백성들이 제각기 이전에 쓰던 한자 글꼴을 써 대는 통에 의사소통이 제대로 안 되어 걱정이었는데."

"예, 그래서 글꼴을 통일하는 법령을 반포하려 합니다. 어기면 처형시켜 버릴 정도로 강력하게."

"그래, 그 법령 이름을 뭐라고 하면 좋겠소?"

"예, '서동문' 이라고 하려 합니다."

"'서동문' 이라…… 오, 글 '서' 에 같을 '동', 문자 '문', 그러니까 글씨는 같은 문자를 써야 한다는 뜻이겠지?"

"바로 그렇습니다."

한자의 글꼴을 통일하는 '서동문' 이란 정책은 이렇게 태어났습니다. 당시 중원에서 사용되던 한자의 글꼴은 지역별로 제각각이었습니다. 만일 진시황이 이 '서동문' 의 정책을 강력히 실행하지 않

書 글서 同 같을 동 文 문자 문

았다면 한자는 여러 가지 다른 모양으로 분화했을 것입니다. 그렇게 되었다면 중국의 13억 인구가 지금과 같이 똑같은 한자를 사용하지 못했을 것입니다.

'서동문' 은 짧은 세 글자에 불과합니다. 그러나 법으로 통치를 하겠다는 진시황의 강력한 의지를 담기에는 충분했습니다. 진시황은 놀라운 추진력으로 중원의 모든 한자를 진나라의 글꼴로 통일해 버립니다. 법가 사상이 지닌 단호한 집행 의지가 없었다면 한자의 통일은 없었을 것입니다.

다시 진시황과 이사의 대화를 들어 봅시다.

"그래, 이사. 당신 마음속에 있다는 두 번째 법령은 무엇이오?"

"예, 마차 바퀴에 관한 것입니다."

"마차 바퀴? 그건 얼른 납득하기 쉽지 않소."

"예, 폐하. 중원은 넓습니다. 따라서 곡물이나 무기는 마차를 통해 옮기지 않으면 안 되지요."

"그야 그렇지."

"그런데 땅이 넓어 마차를 끌고 다니다 보면 마차 바퀴가 망가지는 경우가 많습니다."

"그렇겠지. 하지만 기술자가 있으니 걱정 없지. 바퀴를 싣고 다니다 바꿔 달던지 하면 되겠지."

"예, 하지만 마차마다 바퀴를 싣고 다닐 수는 없지 않겠습니까? 짐도 무거운데."

"그럼, 현지에서 바퀴를 구하면 되지 않겠나?"

"예, 하지만 문제는 각 지역마다 바퀴 크기를 제멋대로 만들어서 서로 맞지 않는다는 데 있습니다."

"하, 그런 문제가 있었군."

"예, 따라서 전국에 영을 내려 마차 바퀴의 크기와 축의 지름, 바퀴살의 숫자 등을 통일해 놓으면 언제 어디서든지 똑같은 크기의 바퀴를 구할 수 있게 됩니다. 그러면 수송 물자들을 전국 어디로든지 쉽게 유통할 수 있습니다."

"그것은 대단한 관찰이고 해결책이오. 그래, 그 법령의 이름은 뭐라 하겠소?"

"예, '거동궤'라고 하려 합니다."

"흠, 마차 '거', 같을 '동', 궤도 '궤'. 그러니까 마차는 궤도를 같이 할 수 있도록 만들라는 뜻이로군."

"바로 그렇습니다."

'거동궤'는 당시 중원 전역에 있던 농산물, 공산물들이 여러 곳으로 쉽게 이동될 수 있게 만든 방법이었습니다. 단순하게 자급자족만을 하던 농민들은 마차의 장거리 이동을 통해 서로의 농업 생

車 마차 거 同 같을 동 軌 궤도 궤

산물을 교류할 수 있게 되었습니다. 멈추어 있던 생산물들이 움직일 수 있도록 만든 조치였지요. 또 군대의 보급품을 지방으로 신속하게 나르는 데도 효과적이었습니다.

'서동문'과 '거동궤'는 중국 역사상 진시황에 의해 시행된 가장 혁신적인 조치였습니다. 이러한 조치는 법가들의 현실 관찰과 그것에 걸맞은 적절한 법령 개발 의식이 있었기에 탄생이 가능했습니다. 현실을 관찰해야 하고 그것에 맞는 변화된 법령을 만들어 내야 한다는 생각은 물론 한비자라는 인물로부터 비롯되었습니다.

결국 중국의 거대한 중원이 최초의 통일을 이루고 한자의 글꼴과 운송 수단을 통일할 수 있었던 데는 법가의 사상이 큰 역할을 했습니다. 예리한 문장력과 논리적 사고를 갖춘 한비자, 비록 친구를

죽이긴 했으나 과감하고 집중력 있는 실천력을 지닌 이사, 이 두 법가적 인물이 없었다면 진시황을 통한 첫 번째 중국 통일은 이루어지지 못했을 것입니다.

그러나, 통일은 불과 열다섯 해에 그치고

이렇듯 거대하게 보였던 진시황의 통일이었지만 지속 기간은 불과 15년에 그치고 맙니다. 오래도록 황제의 자리에 머물고 싶어 불로초까지 찾았다는 전설이 있는 진시황이었지만 그의 욕망은 무척 허무하게 끝이 나고 맙니다. 그 이유가 무엇일까요?

거기에는 두 가지 이유가 있습니다.

하나는 진시황의 우민정책이었습니다. 우민, 어리석은 백성이란 뜻이지요. 진시황은 백성들이 똑똑해지면 통치가 어렵다고 생각했습니다. 세상물정 모른 채 나라에서 시키는 대로 일만 하는 백성이 많아야 나라가 부강해진다고 생각했지요. 무식하고 힘만 센 머슴만 많았으면 하는 못된 부자의 마음이었다고나 할까요?

그래서 진시황은 백성들을 '검수'라고 불렀습니다. '검'은 검을

愚 어리석을 우 民 백성 민 政 나라 다스릴 정 策 아이디어 책

'검' 이고, '수' 는 머리 '수' 입니다. 하지만 이 말은 아주 거친 표현입니다. 우리말로 하면 '검정 대가리' 정도의 욕이 될 것입니다. 즉, 진시황은 백성들이 유가의 책을 보지 못하도록 하는 것은 물론, 속담과 사회생활 속에서 배운 옛날 표현들까지 뽑아 버리려 했습니다. 머릿속으로부터 말입니다. 그래서, 아주 잔혹한 법령을 실행했지요.

유가의 문헌들, 그러니까 공자나 유가들이 사용했던 표현과 단어만 사용하다 잡혀도 처형을 당했습니다. 공개적으로 목을 매달거나 친족까지 함께 죽였습니다. 그야말로 공포의 도가니였지요.

진시황은 자신이 세운 나라를 직접 돌아보면서 성취감을 만끽하려는 사람이었습니다. 백성을 위하기보다는 자기 자신에 빠져 사는 자아도취형 인간이었습니다. 자아도취형 심리를 지닌 사람들이 늘 그렇듯이 진시황은 늘 타인에 대한 의심 속에서 불안해하며 살았습니다. 때문에 그는 통이 크고 백성을 사랑하는 마음을 지닌 신하들은 멀리했습니다. 언젠가는 자신을 죽이고 황제에 오를 것이라는 의심 때문이었지요. 심지어 진시황은 자기 아들도 믿지 않았습니다.

진시황은 아들이 많았습니다. 그중 맏아들 부소는 똑똑했습니다. 사람들의 마음을 읽는 사람이었지요. 그래서 부소는 한때 아버지 진시황에게 너무 가혹하게 정치를 하지 말도록 권유하기도 했습니다.

黔 검을 검 首 머리 수

"아버님, 백성들을 그토록 엄하게 다루시면 인심을 얻지 못하십니다."

"인심? 이런 철따구니 없는 녀석. 백성들은 살살 기어오르다가 어느 날 황제를 죽이고 나라를 뒤엎는 거야."

그 이후로 진시황은 아들 부소를 의심했습니다. 황제의 속내를 읽은 간신배들은 부소를 불효자로 몰아붙였습니다. 이런 분위기를 정치적으로 악용하려는 사람이 있었습니다. 바로 진시황의 열여덟 째 아들인 호해였습니다.

호해는 사냥과 여자를 좋아하고 아비인 진시황을 닮아 아주 잔인했습니다. 사람 죽이기를 마치 게임하듯이 하던 인물이었습니다. 이런 못된 인물됨을 옆에서 지켜보던 그의 스승 조고는 호해를 부추겨 장자인 부소를 죽이고 황제에 오르도록 합니다. 하지만 호해는 불과 3년 만에 다시 스승 조고에게 죽음을 당하고 맙니다. 정치의 비정함 앞에서는 부자의 정도 스승의 정도 아무 의미가 없는 셈이었지요.

진나라의 정권은 이렇듯 피비린내 속에서 15년 만에 막을 내렸습니다. 법을 통해 나라를 정비하려 했지만 그 법을 집행하는 과정 속에서 빚어진 잔혹함과 공포는 결국 나라의 걸림돌이 되고 말았습니다.

진시황이 죽고 진나라의 운명이 끝나자 중원은 또다시 꿈틀대기 시작했습니다. 새로운 황제를 꿈꾸는 수많은 사내들이 움직이기 시작한 것이지요. 이제 그 이야기를 시작해 볼까요.

★☆ 열하나.

공자를 다시 부르다,

동중서

"이야, 멋지다. 사내라면 저 정도는 되어야지!"

진시황이 중원 여기저기를 순시하면서 패 지역(상하이 위쪽에 있는 지앙수 성 북부 지역)을 지날 때였습니다. 화려한 마차, 군사들이 치켜든 날카로운 창, 휘날리는 깃발 그리고 요란한 북소리 피리소리가 거리에 가득했습니다. 길가에 서서 진시황의 이 거창한 행렬을 바라보던 한 남자가 자신도 모르게 지른 소리였습니다. 남자는 모습이 우락부락하고 힘이 장사처럼 보였습니다. 그의 이름은 유방이었습니다.

유방은 패 지역의 작은 관리였습니다. 하지만 게으르기 짝이 없었습니다. 늘 술에 빠져 살았고 술집 여자들 꽁무니나 따라다녔습니다. 이런 유방이 진시황의 모습을 무척 부러운 눈으로 바라보면서 탄성을 질렀던 것이었습니다. 그런데 이 탄성은 훗날 유방에게 현실로 다가옵니다. 유방은 동네의 불량배들, 개고기 장사꾼 등을 불러 모아 진나라에 대항하는 반란군을 만들었습니다. 그러고는 마침내 진나라를 정복하고 자신의 나라 한나라를 세우게 됩니다. 이때가 기원전 206년입니다. 진나라는 기원전 221년에 중원을 통일

했으니 불과 15년여의 짧은 제국이 막을 내린 셈이었습니다.

그토록 강력한 법가 사상으로 일어난 진나라가 왜 이처럼 허무하게 무너졌을까요? 그 이유를 알기 위해서는 당시 진나라의 통치가 어떠했는지를 조금 깊이 살펴볼 필요가 있습니다. 법가 사상을 이용해 중원을 통일한 진시황은 매우 엄격한 법들을 만들었습니다. 그리고 그 법들을 살벌하게 집행해 갔습니다.

앞서 글자와 마차 바퀴를 통일하는 정책이 진시황에 의해 실행되고 있음을 설명했습니다. 하지만 사람들의 습관이 하루아침에 모조리 고쳐지는 것은 아니지요. 당연히 말을 안 듣는 사람들이 있었습니다. 그럴 때마다 진시황은 일벌백계로 엄하게 다스렸습니다. 그러자 진나라 사람들의 마음은 점차 진시황을 떠나게 되었습니다.

백성들이 술렁이자 각 지역 관리들의 마음도 흔들리기 시작했습니다. 그러자 곳곳에서 진나라의 통치에 항거하는 일들이 벌어졌습니다. 반란들이 일어난 것이었습니다.

과거 씨족 집단이 있을 때에는 씨족장들이 개인 군대를 양성했기 때문에 반란이 일어났습니다. 이런 반란을 막기 위해 진시황과 이사는 씨족 집단을 분해했습니다. 그 결과 씨족장들은 군대를 기를 수 없었습니다. 하지만 진시황과 이사가 생각하지 못한 것이 있었습니다. 그것은 부랑자들 스스로가 집단을 이루어 군대를 만들고 농민들을 약탈하기 시작한 것이었습니다. 지역마다 있던 씨족장의 군대들이 없어진 터라 혼란은 걷잡을 수 없이 커졌습니다. 거친 유방의 반란이 성공을 거둘 수 있었던 데에는 바로 이런 분위기가 한몫했지요. 결국 진나라의 강력한 법가 사상은 그 미숙한 실행으로 민심을 잃었던 것이었습니다.

이러한 환경 속에서 유방이 황제가 되었습니다. 때문에 그는 진시황이 택했던 방법과 전혀 다른 차원으로 백성들을 다스리기 시작했습니다. 바로 자연의 법칙을 따라 느긋하게 생활하던 노자의 무위자연 사상을 적용한 것이었습니다.

유방은 한나라를 세운 뒤 백성들을 쉬게 하는 데 역점을 두었습니다. 백성들을 가급적 동원하지 않고 조용히 농사만을 짓게 두었습니다. 진나라의 엄격한 통치와 오랜 전쟁으로 피곤해하던 백성들에게는 아주 적절한 조치였지요. 그 결과 한나라의 살림은 점차 풍족해졌습니다. 민심은 점차 조용히 가라앉았습니다.

그 후 여유를 얻게 된 한나라는 진시황이 버렸던 유가 사상을 통치 이념으로 채택하게 됩니다. 이런 이유로 한나라 이후 동아시아의 정신세계는 공자의 유가 사상으로 통일되게 됩니다. 그 결과 한나라 때의 유가 사상은 동아시아의 문화와 사상에 지대한 영향을 남기게 됩니다. 그러면 도대체 어떤 이유로 진시황의 무서운 분서갱유 속에서 사라졌던 공자의 유가 사상은 다시 살아난 것일까요? 그 과정은 어떠했을까요?

풍요롭게 발전을 거듭하던 한나라에 무제라는 황제가 등극하게 됩니다. 한 무제가 등극할 당시의 나이는 불과 열여섯이었습니다. 하지만 그는 총명하고 생각이 깊은 사람이었습니다. 황실의 원로들은 이 어린 황제를 두려움 반 기대 반으로 바라보았습니다. 조용히 황제 수업을 받던 한 무제는 스물두 살이 되던 해에 천하에 다음과 같은 방을 붙입니다. 오래도록 생각해 오던 것이었습니다.

"천하의 모든 지혜와 계책을 구하노라. 누구든지 자신의 생각과 지혜를 나에게 들려 주기 바라노라."

당시 한나라의 황실에는 노자의 무위자연 사상이 팽배해 있었습니다. 백성들을 몰아붙이면서 적극적인 통치를 하던 진나라 때의 통치와는 정반대의 방법을 한나라 초기에 채택했기 때문이었지요.

글자 그대로 무위, 즉 적극적이고 인위적인 방법을 사용하지 않았습니다. 봄, 여름, 가을, 겨울, 자연의 흐름을 따라 평온한 상태로 백성들을 내버려 두었습니다. 그 결과 나라는 조용한 분위기 속에서 풍족해졌습니다. 하지만 뭔가 내용이 빠진 듯한 느낌이었습니다. 뭐라고 한마디로 이야기하기는 곤란했습니다. 딱히 손에 잡히는 것도 없었습니다. 하지만 무언지 느슨하고 게으른 기운이 나라 전체를 감돌게 되었습니다.

예민한 한 무제는 이런 분위기를 감지했습니다. 뭔가 분위기를 다잡아야 할 필요를 느꼈습니다. 이대로 가면 나라의 기강이 무너질 것으로 생각했습니다. 그러나 한 무제는 독단적인 판단으로 나라를 이끌기를 원치 않았습니다. 사람들의 지혜를 빌려야겠다고 생각했습니다. 이런 이유로 한 무제는 천하의 지혜와 계책을 구하는 방을 내다 붙였던 것이었습니다. 후대 역사가들이 한 무제를 높이 평가하는 이유가 바로 여기에 있습니다.

한 무제의 방이 나붙자 수많은 사람들이 자신들의 계책을 써서 황제에게 올렸습니다. 황제는 그 계책들을 읽어 갔습니다. 때로는 죽간에 쓴 것도 있었고 때로는 비단에 쓴 것도 있었습니다. 그러던 중 한 무제는 비단 폭 하나를 집어 들었습니다. 비단 폭 첫 부분에 '동중서' 란 이름이 보였습니다.

"아니, 이런 기가 막힌 계책이 있다니……. 이건 바로 내 생각 그 자체가 아닌가? 여봐라."

"예, 폐하."

"가서 당장 동중서 박사를 불러오라."

한 무제가 감탄한 계책은 당시 황실 박사인 동중서가 쓴 것이었습니다. 늘 조용하던 동중서도 계책을 올렸던 것이었습니다.

"박사, 아니 어쩌면 이렇게도 내 마음을 정확하게 읽었소."

"황공하옵니다. 폐하."

"그래, 아무리 생각해도 진시황처럼 법으로 몰아붙여서는 백성들의 마음을 얻을 수 없소."

"그러하옵니다. 진시황의 법가 사상으로 인해 수많은 법령들이 태어났습니다. 그 결과 형벌로 죽는 자들이 넘쳐 났고 서로를 고발하는 등 인심이 말이 아니었습니다."

"우리 한나라는 그렇게 되길 원치 않소."

"폐하께서는 법보다는 덕으로 나라를 다스리셔야 합니다. 백성들의 마음을 다독이면서 '예악교화'를 하셔야 합니다."

"예악교화?"

"예, 폐하."

"그게 무엇이오?"

"'예'란 공자가 가르쳤던 것으로 조상에 대한 제사를 잘 돌보며 부모에 대한 예의범절을 잘 지키는 것입니다."

"'악'은?"

"'악'은 음악입니다. 궁중 행사와 제례 때에 사용되는 악기 소리

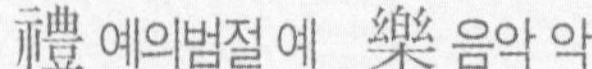

는 조용하고 깊습니다. 사람의 마음속 깊은 곳을 움직이지요."

동중서는 공자의 유가 사상에 깊이 심취해 있었습니다. 앞서 이야기했지만, 진나라 때 완전히 사라지지 않은 유가와 다른 사상의 죽간들이 전해 오고 있었기 때문이었습니다. 동중서는 그 죽간들을 연구했던 것이지요. 죽간들을 읽으면서 동중서는 유가 사상이야말로 한나라를 다스리는 데 더없이 필요한 사상으로 확신했습니다. 얼마나 심취했던지 그는 자신의 말과 행동조차 공자처럼 흉내 내려고 노력을 했었습니다.

공자의 유가 사상에 흠뻑 빠져 있던 그는 삼 년 동안이나 마당 밖으로 나가지 않으면서 유가 사상을 담은 책을 연구했습니다. 동중서는 인간의 성품이 조상 제사를 진행할 때의 조심스러운 마음가짐과 또 제사 때 사용되는 음악들을 통해 고쳐질 수 있다고 믿었습니다. 한 무제와 동중서의 이야기가 계속됩니다.

"그럼 '교화'는?"

"예, 가르칠 '교'와 변화 '화'입니다. 사람의 마음은 교육을 통해 적절히 변화시킬 수 있습니다."

"그러니까, 예의와 음악을 가르쳐 백성들의 마음을 변화시키겠다는 뜻이 되는군."

教 가르칠 교 化 변화 화

"바로 그렇습니다. 옛날 하나라, 은나라, 주나라의 성군들은 모두 백성들을 예의와 음악으로 교화했습니다. 그러나 진시황이 법가 사상을 도입하면서 모든 백성들의 마음이 다 황폐해졌습니다."

"흠, 나는 그런 실수를 밟지 않을 생각이오."

황제, 수직의 힘을 빌리다

동중서의 계책을 들은 한 무제의 마음은 시원했습니다. 무엇보다 역사에 해박한 동중서의 설득이 한 무제의 마음을 움직였습니다. 또한 사람의 마음을 읽는 데 탁월했으며 언변은 절묘했습니다. 동중서는 역사적 사실을 근거로 한 무제의 마음을 넘나들며 유가 사상을 설파했습니다. 한 무제는 하나라, 은나라, 주나라가 예의와 음악으로 백성들의 마음을 바꾸었다는 설명을 들으면서 동중서에게 커다란 신뢰를 느꼈습니다.

물론 동중서가 한 무제에게 들려준 하나라, 은나라, 주나라 때의 이야기는 역사적 사실과 다르지요. 역사 속의 중원은 언제나 피비린내 나는 전쟁의 연속이었습니다.

하나라는 신석기 후반기에 해당하는 때로 이렇다 할 문화조차 없던 시기입니다. 은나라 때에는 조상 제사 때마다 다른 종족 포로들의 목을 쳐 그 피를 뿌리는 광란의 제사를 즐겼습니다. 샤머니즘과 주술적 공포를 통해 백성들을 다스리던 시대였습니다. 주나라는 봉건 질서, 다시 말해 혈연을 통해 권력을 이어 가던 시대였습니다.

하지만 동중서는 그런 사실을 잘 알지 못했습니다. 단지 진시황 시대 이전은 평화로웠다고 믿어 버렸습니다. 그러고는 황제를 설득하기 위해 역사를 미화했습니다. 역사적 사실을 슬쩍 비틀어 버렸던 것이었습니다. 왜냐하면 유가 사상을 황제가 받아들이도록 하기

위해서는 역사 속에서 이상적인 실례를 찾아야 했기 때문이었지요.

또 동중서의 말은 언제나 조리가 있었습니다. 현상에 대한 원인 진단이 분명했고 해결책도 구체적이고 매끄러워 보였습니다. 한 무제는 동중서에게 다시 계책을 제시하도록 명했습니다.

"흠, 이번 대책은 뭔가 좀 특이한 듯하오."

"예, 폐하. 대일통 사상이옵니다."

"대일통? 그게 뭔가? 큰 '대' 자를 쓴 것을 보니 뭔가를 크게 통일해 보겠다는 뜻처럼은 들리는데……."

"예, 폐하. 일통, 그러니까 바로 모든 것을 하나로 통일하는 것입니다."

"음, 통일을 거꾸로 쓴 말이군."

"하오나, 폐하, 일통은 통일과는 조금 다릅니다. 통일은 흩어져 있는 것을 하나로 합치는 것입니다."

"그럼 일통은?"

"예, '일통'은 천하 모든 사람들의 마음과 행동을 하늘의 뜻에 맞추어 똑같이 만드는 것입니다."

"음, 어렵군……."

"어렵지 않습니다. 폐하가 지금 황제가 되신 것은 하늘의 뜻에 맞추어져 있는 것입니다. 그러니까 폐하의 황제 역할은 하늘의 뜻

大 큰대 一 한일 統 큰줄기 통

입니다."

"그래? 내가 하늘의 뜻에 따라 황제 역할을 하고 있단 말이지?"

"예, 따라서 황제께서 하시는 말씀은 바로 하늘의 뜻이 됩니다. 그리고 백성들은 폐하의 말을 따라야 합니다. 그렇게 되면 백성들은 폐하를 통해 자연스럽게 하늘의 뜻에 맞추어지게 되는 것입니다. 이것이 바로 대일통입니다."

당시 황제들은 저마다의 모략과 싸움을 통해 권력을 손에 넣었습니다. 즉, 피를 보면서 권력을 쟁취한 것이지요. 그 사실은 본인들 스스로가 잘 알고 있지요. 마음 한 구석이 개운치는 않았지요. 이런 마당에 황제의 자리는 하늘이 내려 준 것이라는 동중서의 말은 황제의 마음에 쏙 들었습니다. 십 년 묵은 체증이 싹 내려가는 듯했습니다. 더구나 백성들이 자신의 통치를 따라야 하는 이유가 하늘의 뜻을 따르기 위한 것이라는 동중서의 논리는 신비하기조차 했습니다. 한 무제는 홀딱 반했습니다.

"그래, 내가 황제 노릇 하는 것이 하늘의 뜻이라니 참 경사스러운 일이구먼. 박사의 말을 통해 하늘과 황제와 백성의 관계에 대해 처음 깨달았구려."

"예, 이처럼 천하의 모든 사람들은 서로 관계를 이루고 있는데

이 관계가 모두 하늘의 뜻으로 통일되어야 합니다."

"그래야겠지. 나 황제와 하늘의 관계처럼. 그리고 황제와 백성의 관계처럼. 일직선으로 말이야."

"예, 이처럼 모든 사람들에게는 수직적인 질서가 있습니다. 같은 귀족이라도 등급이 있습니다. 당연히 의복도 구별되어야 합니다. 조정의 대신들도 차등이 있어야 합니다. 그리고 마을마다에도 수직적인 권위가 세워져야 합니다."

"음, 그래야 모든 사람들이 하늘과 수직으로 연결되겠지."

"물론 그 맨 위는 황제 폐하가 자리하시게 됩니다."

"그러니까 모든 백성들은 나를 통해서 하늘과 연결되는 것이구려."

"예, 하지만 가만히만 계시면 아니 되옵니다."

"그럼 어떻게 하면 좋소?"

"하늘에 제사를 드려야 합니다."

"그럼 백성들은?"

"예, 백성들은 자기 조상에게 제사를 지내면 됩니다. 그것이 효입니다. 그리고 그것은 나라에 대한 충성이기도 합니다."

"그 대일통 사상, 아주 내 입맛에 딱 맞소."

동중서의 대일통 사상은 한 무제의 마음을 완전히 사로잡았습니다. 한나라 전체를 대일통 사상으로 묶으면 황제는 권력의 맨 꼭대기에 자연스럽게 위치하게 됩니다. 더구나 그 위치는 하늘의 뜻을 통해 얻은 것입니다. 자연스레 견고한 정통성이 생겨났습니다. 이제 누구도 하늘의 뜻을 얻지 못한다면 아무리 힘이 있다 해도 함부로 반란을 일으킬 수 없게 되었습니다.

황제의 자리를 이처럼 든든하게 만들어주는 논리는 이전에는 없었습니다. 한 무제는 이제 동중서의 대일통 사상을 모든 백성에게 가르칠 생각을 하게 됩니다.

"박사, 대일통 사상을 어떻게 하면 모든 신하들과 백성들이 따르도록 할 수 있겠소?"

"예, 제가 따로 계책을 생각해 두었습니다."

"허허, 참으로 용의주도하구려."

"대일통 사상을 보급하기 위해선 먼저 사상을 통일해야 합니다."

"그래야겠지."

"예, 그래서 이제 영을 내리셔서 공자의 유가 사상 이외의 사상은 모두 폐지하십시오. 그리고 유가의 여섯 가지 책에 부합되지 않는 책들은 모조리 읽고 쓰는 것을 금하십시오."

동중서는 진시황 때 법가 사상의 폐해를 지적했습니다. 하지만 자신은 다시 진시황이 사용했던 분서갱유와 같은 정책을 빌려 오고 있었습니다. 물론 진시황 때는 법가 사상 이외의 모든 책을 불에 태웠지만 이번에는 유가 사상 이외의 책을 모조리 폐기하도록 했습니다.

"여섯 가지 책?"

"예, 하늘과 조상에 대한 제사 방법을 상세하게 써 놓은 《예기》,

제사 때 사용하는 음악을 묘사한 《악경》이 있습니다. 그리고 고대로부터의 정치적 사건들을 기록한 《서경》, 주나라 때의 시들을 모은 《시경》이 있습니다. 마지막으로 세상의 변화를 살필 수 있는 《주역》, 그리고 춘추 시대의 역사를 담은 《춘추》 등 모두 여섯 권입니다."

"《예기》, 《악경》, 《서경》, 《시경》, 《주역》, 《춘추》를 제외한 나머지 책들을 다 폐기시키란 말이지."

"예, 읽지도 쓰지도 못하게 하셔야 합니다. 그리고 이 사상들을 교육하기 위해 전국에 학교들을 확충해야 합니다."

"알겠다. 이제 공씨의 사상 외에 모든 사상은 모조리 폐기하라. 그리고 전국적으로 학교를 세워라."

황제였던 한 무제는 공자를 '공씨'라고 불렀습니다. 하늘의 뜻을 따라 얻었다는 황제의 자리인지라 아무에게도 존칭을 붙일 수 없었기 때문이었습니다.

이 일은 기원전 134년경에 일어났습니다. 현재 중국 인구는 13억에 달하지만 당시 한나라의 인구는 약 6000만 정도에 달했습니다. 상대적으로 보면 적은 수이지만 당시로서는 어마어마한 숫자였습니다. 그리고 세력은 현재 중국의 거의 대부분을 망라할 정도였습니다. 그 군사적 힘은 한반도 부근까지 미칠 정도였으니 실로 한나라는 대제국이었습니다.

이러한 대제국이 전국에 학교를 세워 공자의 유가 사상만을 백성들에게 교육하기로 결정한 것이었습니다. 한 무제는 전국의 학교를 운영할 선생님들과 학생들을 모집하였습니다. 특히 유가 사상을 연구하는 학자들에게 경제적 혜택과 커다란 권한을 부여했습니다.

한 무제의 유가 사상 우대 조치는 그 후 중국의 역사 속에서 오래도록 생명력을 유지하게 됩니다. 한나라 이후 많은 나라들이 다시 나타났지만 모두 공자의 유가 사상 외에는 다른 사상을 조정과 학교에서 사용하거나 가르치지 않았습니다.

황제들이 유가 사상만을 고집한 이유

그 이유가 뭘까요? 왜 한 무제 이후 중국 역사 속의 황제들은 유가 사상만을 고집하게 되었을까요? 그 이유는 두 가지로 볼 수 있습니다.

하나는 동중서가 제시한 유가 사상의 충과 효 사상 때문입니다. 충과 효 사상은 황제의 위치를 견고하게 하고 나라를 통치하는 데 아주 효과적이기 때문이었습니다. 부모와 조상에게는 효도하고 나라에는 충성하라는 가르침은 백성들의 마음을 통제하기에 아주 효과적이었습니다. 부모에 대한 효도와 나라에 대한 충성은 결과적으로 황제 한 사람을 존중해야 하는 것이었기에 황제에게는 더 없이 편안한 제도였습니다. 부모와 황제가 한 몸이었기 때문이지요. 결국 사람들의 마음속에는 반역은 곧 불효이고 불충이라는 생각이 피어나게 되었습니다. 때문에 사람들은 나라와 황제에 대해 함부로 반란을 꿈꿀 수 없었습니다.

다른 하나는 한 무제가 학자들을 많이 길러 내고 교육에 국력을 크게 기울였기 때문이었습니다. 이제 유가 사상에 대한 공부는 경제적 혜택과 사람들의 존경을 얻을 수 있는 유일한 지름길이 되어 버렸습니다. 그러자 재주 있고 머리 좋은 더 많은 사람들이 유가 사상의 연구에 몰두하기 시작했습니다. 그 결과 유가 사상에 대한 연구는 점점 확대되었고 이론은 더욱 깊어졌습니다. 반면에 다른 사상은 점차 사라지게 되었습니다.

이렇게 오랜 시간이 지난 뒤에는 다른 사상을 연구하고 보급하고 싶어도 할 수가 없는 상황이 되었습니다. 연구할 수 있는 책들도 사람들도 사라져 갔기 때문이지요. 물론 가장 큰 이유는 다른 사상을 연구하다 들키면 죽음을 면키 어려운 때도 있었기 때문이지요.

한나라는 유가 사상을 기초로 나라의 정치, 교육, 경제의 이론을 세웠습니다. 그 이론에 근거해서 실천 과정을 진행했습니다. 그리고 이론과 실천의 경험은 지속적인 보완을 통해 후대로 전해졌습니다. 그 결과, 유가 사상의 위상은 이제 한두 사람의 힘으로나, 짧은 시간 동안에 바꿀 수 없으리만치 견고해졌습니다. 황제의 위상도 유가 사상이 주장하는 충효 사상과 유가 사상이 만들어 낸 국가 경영의 틀 속에서 더욱 견고해졌습니다. 이제는 하늘과 백성 사이에서 중재자 역할을 하는 황제의 위상에 도전하는 일이 쉽지 않게 되었습니다.

결론적으로 보면, 유가 사상은 정치적 필요에 의해 재탄생되었던 것입니다. 그 재탄생을 가능케 한 사람은 황제의 마음을 잘 읽은 동중서라는 정치적 인물이었고요. 그리고 유가 사상은 정치적 문화적 과정 속에서 다듬어지면서 자연스럽게 주류의 사상으로 남게 되었습니다. 이제 유가 사상만이 중국 역사의 주인공이 된 것이지요. 그리고 중국의 영향을 받지 않을 수 없었던 한반도와 일본 역시 자연스럽게 유가 사상을 받아들이게 되었습니다.

한국, 중국, 일본의 이른바 동아시아의 유교 문화권은 바로 이러한 역사적, 문화적 배경 속에서 형성되어 온 것이었습니다.

청소년을 위한

이야기 동양사상

초판 1쇄 발행 2017년 2월 20일
초판 3쇄 발행 2020년 8월 25일

지은이 김경일
펴낸곳 바다출판사
발행인 김인호
주소 서울시 마포구 어울마당로5길 17 5층(서교동)
전화 322-3885(편집), 322-3575(마케팅)
팩스 322-3858
E-mail badabooks@daum.net
홈페이지 www.badabooks.co.kr
출판등록일 1996년 5월 8일
등록번호 제10-1288호

ISBN 978-89-5561-910-2 43150